COURS ÉLÉMENTAIRE

SUR LA FABRICATION

DES

BOUCHES A FEU EN FONTE ET EN BRONZE

ET

DES PROJECTILES,

D'APRÈS LES PROCÉDÉS SUIVIS A LA FONDERIE DE LIÉGE,

PAR

COQUILHAT, major d'artillerie,

SOUS-DIRECTEUR DE LA FONDERIE DE LIÉGE, CHEVALIER DES ORDRES DE LÉOPOLD ET DU LION NÉERLANDAIS, MEMBRE DE LA SOCIÉTÉ ROYALE DES SCIENCES DE LIÉGE.

1re Partie. — Fonte des Canons.

LIÉGE,

H. DESSAIN, IMPRIMEUR-LIBRAIRE,

PLACE St-LAMBERT.

1856.

FABRICATION

DES

BOUCHES A FEU

ET DES

PROJECTILES.

OUVRAGES

DU MÊME AUTEUR.

Expériences sur la résistance utile produite dans le forage des bouches à feu, faites à la fonderie de canons, à Liége, en 1840 et 1841. In-8° avec planches. 1843. Édition épuisée. Liége, Desoer.

De la quantité de travail absorbée par les frottements dans le forage des bouches à feu, à la fonderie royale de canons de Liége. Extrait des Mémoires de la Société royale des Sciences de Liége. Dessain, 1847.

Expériences sur la résistance utile produite dans le forage du fer forgé, de la pierre calcaire et du grès, ainsi que dans le forage et le siage du bois, faites à Tournay, en 1848 et 1849; brochure in-8°. 1850. Paris, Corréard.

Expériences faites à Ypres en 1850, sur la pénétration dans les terres de soudes en fer, enfoncées par les chocs d'un bélier, et applications des fourneaux de mine, cylindriques et horizontaux à l'ouverture des tranchées. In-8°. Paris, Corréard.

Expériences sur la résistance utile produite dans le forage, faites à Ypres, en 1850 et 1851. Extrait des Annales des travaux publics de Belgique. In-8°.

Notes sur les projectiles creux et sur les bouches à feu, résistance à la rupture, tension des gaz, etc. In-8°. 1854. Paris, Corréard.

Projets de deux canons à bombes pour l'artillerie de côte, du calibre de 0,20 et de 0,29. 1854. Paris, Corréard.

COURS ÉLÉMENTAIRE

SUR LA FABRICATION

DES

BOUCHES A FEU EN FONTE ET EN BRONZE

ET

DES PROJECTILES,

D'APRÈS LES PROCÉDÉS SUIVIS A LA FONDERIE DE LIÉGE,

PAR

COQUILHAT, major d'artillerie,

SOUS-DIRECTEUR DE LA FONDERIE DE LIÉGE, CHEVALIER DES ORDRES DE LÉOPOLD ET DU LION NÉERLANDAIS, MEMBRE DE LA SOCIÉTÉ ROYALE DES SCIENCES DE LIÉGE.

LIÉGE,

H. DESSAIN, IMPRIMEUR-LIBRAIRE,

PLACE St-LAMBERT.

1855.

COURS ÉLÉMENTAIRE

SUR LA FABRICATION

DES

BOUCHES A FEU EN FONTE ET EN BRONZE,

ET

DES PROJECTILES.

PREMIÈRE PARTIE.

FONTE DES CANONS.

LIVRE I.

APERÇU HISTORIQUE. — MÉTAUX EMPLOYÉS A LA FABRICATION DES BOUCHES A FEU.

ARTICLE I.

APERÇU HISTORIQUE.

Les progrès de l'art militaire dépendent essentiellement des sciences et de l'industrie. On s'en rend facilement compte en considérant que la manière de combattre doit être appropriée aux armes dont on dispose. Ces armes seront plus ou moins meurtrières, atteindront de plus près ou de plus loin, suivant que les procédés de fabrication seront plus parfaits et que les moteurs que l'industrie emploie seront plus puissants et permettront de donner aux engins de guerre des proportions plus fortes. Cette vérité est surtout évidente pour l'artillerie. Pour s'en convaincre, il suffit de rappeler que l'artillerie par la violence de ses effets et par sa grande portée, a fait disparaître successivement les anciennes armures défensives des chevaliers : qu'elle a changé les procédés pour l'attaque et la défense des places, et qu'elle a été la cause des principaux changements survenus dans la tactique des armées.

La guerre actuelle dans la Baltique, dans la Mer Noire et en Crimée a fait ressortir l'importance des plus puissants canons et l'utilité des canons à bombes d'un grand diamètre.

On pourrait s'étonner de ce retour aux gros calibres, dont nous ne rappelions l'emploi par nos ancêtres que pour faire remarquer l'état de barbarie dans lequel l'artillerie se trouvait autrefois. Mais nous ferons observer que cet état, dont la qualification de barbare est prise comme indication d'enfance de l'art, tenait bien plus à l'insuffisance des moyens de fabrication, qu'à l'idée de l'emploi des gros calibres : idée éminemment féconde, mais dont l'application doit être en harmonie avec les progrès de l'industrie.

L'usage des gros calibres n'est possible actuellement qu'avec des pièces de fonte; celles de fer forgé ou de bronze ayant été reconnues ne pouvoir résister qu'à un petit nombre de coups. Si le général Paixhans fut arrivé un siècle plutôt, son invention avortait, par l'impossibilité où se serait trouvée l'industrie métallurgique de fabriquer d'énormes pièces de fonte dans des conditions convenables.

La possibilité de lancer d'énormes bombes avec la plus grande vitesse initiale, procurera d'immenses avantages à l'attaque et à la défense : le but pourra être frappé par des projectiles creux d'un très-grand diamètre, renfermant une charge explosive considérable et constituant une mine volante; la force vive d'arrivée sera véritablement effrayante, parce que le projectile possédant une masse énorme frappera le but avec la majeure partie de sa vitesse initiale : la justesse du tir sera augmentée, parce que les gros projectiles, animés de grandes vitesses, décriront des trajectoires rasantes.

Au point de vue militaire, la seule objection qu'on puisse élever contre le projet d'une artillerie aussi puissante, ne peut consister que dans l'impossibilité où l'on se trouverait, soit de créer cette artillerie, soit de s'en servir. Mais les perfectionnements apportés dans l'art de fabriquer la fonte et les bouches à feu de ce métal, et les progrès qui ont été réalisés dans les moyens de transport, permettent de revenir, avec les plus grandes chances de succès, à l'artillerie de gros calibre.

L'emploi simultané de plusieurs fourneaux à réverbère permet de couler les pièces les plus pesantes. Le transport des plus lourds fardeaux, se fait maintenant avec une facilité qui tient du prodige : il n'est pas rare de voir des machines, ou seulement des parties de machines, pesant jusqu'à 20,000 kilogrammes, être transportées à des distances très-grandes, sur terre ou sur eau, sans occasionner d'autre embarras que celui de construire un fort charriot ou de bien étançonner le navire.

Rien n'empêche de faciliter la mise en batterie ou hors de batterie par l'emploi d'un moteur abrité contre les coups de l'ennemi, et dont une partie seulement des organes de transmission du mouvement seraient exposés à être atteints. Ces organes pouvant consister en chaînes ou en cordages, il serait facile de les remplacer s'ils étaient touchés par un projectile et endommagés ou détruits.

Nous rappellerons en peu de mots les époques qui ont été signalées par un progrès ou une nouveauté dans l'art de fabriquer les bouches à feu.

Les premières bouches à feu furent faites en fer forgé. Elles étaient composées de barres de fer soudées et assemblées en forme de douves et reliées par des cercles de même métal. On conçoit les difficultés qu'on devait rencontrer dans l'exécution de semblables pièces ; aussi n'en fabrique-t-on plus depuis longtemps.

On prétend qu'à la bataille de Crécy, en 1346, les Anglais se servirent de bouches à feu en fer forgé.

Les avantages que présente la fonte des métaux, firent adopter le cuivre d'abord et le bronze ensuite pour la confection des bouches à feu. En 1354, il y avait déjà des pièces en cuivre. En 1372, on coulait des pièces de bronze à Augsbourg. Vers la fin du 14me siècle, ces pièces étaient très-nombreuses en Italie. Du reste, il ne paraît pas que les procédés de fabrication se répandirent uniformément en Europe, car on employa le fer forgé concurremment avec le bronze, pendant environ deux siècles et demi.

La fabrication des pièces de bronze ou de cuivre fait supposer la connaissance des fourneaux à réverbère.

L'ancien bronze, outre l'étain et le cuivre, contenait un peu de zinc et même du plomb : mais on ne tarda guère à adopter la composition actuelle formée de cuivre et d'étain, seulement la proportion de ce dernier métal a varié de 8 à 14 p. °/$_0$ de cuivre.

D'après Mr Piobert, on coulait déjà en 1377 des pièces de fer à

Erfurt. Il faut donc admettre qu'à cette époque, il existait des haut-fourneaux au bois.

Cependant d'après d'autres auteurs, ce ne fut qu'en 1547 que les Anglais furent les premiers à couler des bouches à feu en fonte de fer. La coulée des pièces de gros calibres exigeait le concours de plusieurs hauts-fourneaux.

Dans le principe les pièces étaient coulées à noyau ; on ne les alésait même pas, du moins, d'après ce qu'en dit l'ouvrage de Diego Ufano, qui parut en 1628. En consultant St.-Remy, on voit qu'en 1671, les pièces étaient encore coulées à noyau, mais avec masselottes et qu'elles étaient alésées.

L'alésage se fesait autrefois verticalement. Il est bien vrai que St.-Remy parle d'un alésage horizontal dans lequel l'alésoir tournait et avançait, tandis que la pièce restait immobile, mais ce procédé défectueux ne fut qu'essayé.

En 1744, Maritz, inspecteur-général de la fonderie de la marine en France, imagina de couler les bouches à feu pleines et de les forer horizontalement, en les fesant tourner autour de leur axe. En 1748, ces procédés devinrent réglémentaires, en France.

En Angleterre, dès 1712, Simon Surlevant substitua le charbon minéral au charbon de bois dans la fabrication de la fonte. Les premiers essais ne furent pas heureux et, comme il n'arrive que trop souvent en pareil cas, il se manifesta une opposition formidable qui fit abandonner l'entreprise.

Cependant on revint au procédé, et en 1740, on produisit de la fonte au coke. Les machines à vapeur qui furent inventées peu de temps après, mirent de grandes forces motrices à la disposition de l'industrie, et permirent l'établissement de hauts-fourneaux à grandes dimensions.

De 1760 à 1766, l'emploi de coke dans la réduction des minérais de fer, devint général en Angleterre. C'est aussi vers la même époque que l'on commença dans ce pays à fabriquer les pièces avec de la fonte au coke, mais toujours par le coulage direct au haut-fourneau. Les canons en fer furent coulés en seconde fusion par le fourneau à réverbère, chauffé à la houille, à partir de 1770 à 1775 en Angleterre et de 1780 à 1790 en France et en Belgique.

Le moulage en terre a été exclusivement employé jusqu'au moment où la première république française, pressée par d'impérieux besoins, décréta des moyens rapides de fabrication pour les pièces de fer. On moula d'abord en terre sur un modèle en métal, le moule étant formé de deux parties suivant un plan passant par l'axe de la pièce, ce qui s'appelait *mouler en coquille*, puis enfin, on adopta le moulage en sable tel qu'il existe aujourd'hui.

Le moulage des pièces de bronze s'est toujours exécuté en terre. Cependant, depuis un certain nombre d'années, on a essayé le moulage en sable, et ce procédé a été introduit à la fonderie de Liége en 1836.

Les pièces de bronze ont des grains de lumière depuis longtemps. Le général Huguenin, rapporte d'après l'ouvrage de Henri Hondius (courte description et dessins des règles générales de la fortification, de l'artillerie, des munitions, etc.), qu'au siége d'Ostende on avait remarqué que les lumières des pièces de bronze s'évasaient rapidement et qu'on y remédia en coulant du cuivre dans la lumière évasée, et en ayant eu soin d'échauffer fortement la pièce pour le moment de l'opération et de remplir l'ame de sable. Ce procédé n'ayant pas été trouvé entièrement satisfaisant, fut remplacé par la pose à froid d'un grain en fer, ayant des filets de l'épaisseur d'un doigt : il est inutile d'ajouter que le logement du grain était taraudé en conséquence. Quoi qu'il en soit de l'expérience faite au siége d'Ostende, ce procédé fut abandonné et les pièces de bronze n'eurent pas de grain jusqu'en 1748.

En France, on déposait un grain de cuivre dans le moule de la pièce, de manière qu'il fut enveloppé par le métal liquide lors de la coulée. Cela avait l'inconvénient que parfois des soufflures ou des défauts d'adhérence se manifestaient.

Ainsi, en France, le premier grain était toujours mis au moment de la coulée. Mais, lorsque la lumière était évasée, il fallait renouveler le grain. Cette opération s'est affectuée à chaud (par la fusion) pendant bien longtemps. St.-Remy raconte qu'on alésait la lumière évasée; qu'on remplissait l'ame de sable comprimé; qu'on chauffait fortement la pièce (mais pas au point de la fondre) et qu'on laissait ensuite couler dans le logement du grain 600 à 800 livres de cuivre fondu dans un fourneau à réverbère. On conçoit que le métal de la pièce étant baigné aux parois du logement du grain et lavé en quelque sorte par cette masse de métal liquide, devait se ramollir, arriver à l'état de fusion pateuse et se souder avec le grain. Cette opération ne se fesait pas sans que la pièce n'en souffrit, la forte chaleur qu'elle occasionnait en certaines parties provoquant la fusion de l'étain.

Leblong, qui a écrit après St Remy, trouva probablement qu'il y avait une erreur dans ce chiffre de 600 à 800 livres, puisqu'il n'indique que 5 à 6 livres pour la même opération. Cette opinion fait supposer que Leblong ne connaissait pas les fonderies pratiquement, et qu'il écrivait sur cette matière d'après d'autres livres.

A la fonderie de Liége, on a exécuté en 1852, avec un plein succès, le soudage de nouvelles anses à une pièce de bronze.

C'est par des courants de bronze liquide que les surfaces de soudure ont été amenée à l'état de fusion pateuse : c'est en arrêtant les courants au moment opportun, et laissant le refroidissement se faire graduellement, que le nouveau métal s'est soudé intimement à celui de la pièce.

La pose à froid est antérieure à 1706 en France. Elle consistait à mettre un grain fileté. Mais probablement qu'on ne trouva pas d'abord les dimensions nécessaires ou les moyens de fileter convenablement. Les essais furent nombreux. On imagina des masses d'acier ou de bronze qu'on appelait clefs. On prétendait même pouvoir ôter la clef sans difficulté quand on abandonnait la batterie pour empêcher l'enclouage des pièces, et pouvoir la remettre ensuite facilement au moment du tir. Enfin en 1756, Mr Gor, inventa une machine à fileter le grain et son logement dans la pièce : l'opération ne demandait que 4 heures. L'épreuve du tir constata ensuite l'excellence du travail.

Quoi qu'il en soit de ces essais, ce n'est que quelques années après qu'il devint réglémentaire en France, de mettre un grain de cuivre fileté en remplacement d'une lumière évasée.

La fonderie de Malines était déjà célèbre au 16me siècle pour ses pièces de bronze. Dans le pays d'entre Sambre-et-Meuse on fabriquait des pièces de fer il y a déjà 150 ans. La fonderie de Liége date de 1803, sous le consulat. Mr Perier fut son fondateur.

On coula à cette fonderie exclusivement des pièces de fer jusqu'en 1836, époque à laquelle la fabrication des pièces de bronze y fut ajoutée par M. le colonel Fréderix, alors major directeur de cet établissement.

ARTICLE II.

MÉTAUX QUI CONVIENNENT A LA FABRICATION DES BOUCHES A FEU.

Les métaux sont les seules matières propres à la fabrication des bouches à feu. Le métal à canon doit posséder les propriétés suivantes :

La dureté.
La ténacité.
L'élasticité.
La résistance à l'action corrosive des produits de la combustion de la poudre.

Enfin il doit présenter certains avantages industriels : il ne doit pas coûter trop cher, il doit se laisser façonner sans trop de difficulté, et il doit être assez abondant pour suffire aux besoins d'une forte consommation.

La dureté empêche l'ame de se déformer par la pression des gaz ou par les chocs du projectile contre ses parois.

La ténacité prévient l'éclatement de la bouche à feu par l'explosion de la charge.

L'élasticité permet aux molécules de reprendre leur position primitive, après qu'elles en ont été écartées d'une certaine quantité dont la limite dépend du degré d'élasticité de la matière. En vertu de cette propriété les efforts successifs exercés sur la bouche à feu ne s'ajoutent pas du moment que l'élasticité n'a pas été détruite par un trop grand écartement des molécules. Il en résulte une plus grande durée des bouches à feu.

La résistance à l'action corrosive des produits de la combustion de la poudre prévient l'évasement de la lumière, les affouillements et les égrènements.

Les seuls métaux qui puissent réellement convenir à la fabrication des bouches à feu sont le fer forgé, le cuivre, le bronze et la fonte de fer. Ainsi que nous l'avons déjà dit, les difficultés de fabrication ont fait abandonner le fer forgé. Peut-être l'industrie parviendra-t-elle un jour à produire avec ce métal de bons canons et peu coûteux. C'est un problème que le temps se chargera de résoudre. L'invention du marteau pilon donne déjà de grandes chances de réussite. Le reste du problème paraît résider dans les dimensions des fours à pudler comme aussi dans la possibilité de mouler et de souder en temps opportun par la compression un nombre suffisant de loupes.

Le cuivre n'est pas assez dur. Mais allié avec une certaine quantité d'étain, il forme le bronze, métal plus dur que le cuivre et presque aussi ténace. Les pièces d'artillerie sont donc composées de bronze ou de fonte de fer.

Depuis quelque temps on fabrique les canons de certaines armes à feu portatives en acier fondu. Un industriel allemand s'est chargé de couler les bouches à feu de l'artillerie avec la même matière. Mais cette nouvelle fabrication n'est encore qu'à l'état d'essai, bien que les chances de réussite soient nombreuses. On est donc fondé à dire que le bronze et la fonte de fer sont les métaux dont les bouches à feu sont actuellement composées.

Le bronze a beaucoup plus de ténacité et d'élasticité que la fonte, mais il est moins dur et plus décomposable par la chaleur et par les produits de la combustion de la poudre. Il en résulte que les pièces de bronze offrent plus de garanties contre les dangers d'éclatement prématuré, mais qu'elles sont plus vite dégradées dans l'ame. Ces dégradations font diminuer la justesse du tir et font perdre une partie de la force motrice due à la combustion de la charge. Les bouches à feu de campagne sont de bronze en Belgique et chez la plupart des autres puissances. On a remarqué, en effet que ce métal possédait une dureté suffisante quand les pièces étaient de petit calibre ou lorsque les charges de tir étaient faibles. Les pièces de siége sont également en bronze : on a sans doute pensé que ces pièces devant tirer à fortes charges pour l'exécution des brèches, il convenait avant tout de se garantir contre les dangers d'une rupture inopinée.

Le traitement de la fonte de fer a été grandement perfectionné, principalement depuis un demi-siècle. Ce métal présente une dureté satisfesante ; il possède assez de ténacité pour qu'on ne soit pas obligé de donner des épaisseurs démesurées aux bouches à feu ; sa résistance à l'action corrosive du gaz est telle, qu'en moyenne une pièce de fer a accompli le service qu'on peut raisonnablement en attendre, lorsque l'évasement de la lumière est devenu trop considérable.

Les pièces de fonte coûtent 6 à 7 fois moins que celles de bronze : elles possèdent donc un avantage qui, sous le rapport financier, n'est pas à dédaigner pour un état comme la Belgique qui compte plus de 4000 bouches à feu (ce nombre exigeant un renouvellement moyen de 60 à 80 pièces par an).

Enfin les pièces de fonte conservent l'ame intacte pendant toute la durée de leur service.

On fabrique en fonte de fer :

Les bouches à feu de place.

Les canons de côte.

Les canons à bombes.

Les pièces de marine.

ARTICLE III.

DU BRONZE A CANON.

Le bronze est un alliage en proportion variable de cuivre et d'étain. Mais on donne particulièrement le nom de *bronze à canon* ou de *métal à canon*, au composé de cuivre et d'étain dans la proportion qui convient aux bouches à feu.

Titre du bronze.

En Belgique, en France et chez la plupart des puissances le bronze à canon est formé en poids de 100 parties de cuivre et 11 parties d'étain, aussi purs que possible.

Caractères extérieurs du bronze.

Le bronze est d'une couleur matte, jaunâtre, plus ou moins nuancée par le rouge selon le degré de pureté de ses composants. On découvre peu de nerf à la cassure mais plutôt un grain irrégulier, à facettes, et d'une grosseur qui augmente avec les dimensions de l'objet. Le métal est peu homogène et montre des taches d'étain plus ou moins fortes, plus ou moins nombreuses. Sa densité est plus grande que la densité moyenne des métaux dont il est composé : elle varie entre 8.76 et 8.87.

Le bronze est plus dur et plus fusible que le cuivre. Lorsqu'il est en fusion et qu'on l'expose au contact de l'air, l'étain s'oxide beaucoup plus rapidement que l'autre composant; et si la fusion se prolongeait on obtiendrait du cuivre pur.

Le bronze est susceptible de prendre un poli très-brillant : sa ténacité est très-grande quoiqu'elle soit inférieure à celle du cuivre. Le bronze est moins ductile que ses composants, mais il est plus dur, plus sonore et moins oxidable. Le bronze a peu de malléabilité : mais il acquiert cette propriété à un degré beaucoup plus marqué lorsqu'on le plonge dans l'eau froide après l'avoir chauffé. Il est remarquable que le cuivre et le bronze, loin d'être durcis comme l'acier par la trempe, deviennent au contraire plus mous et plus malléables. L'effet de la trempe est d'autant plus sensible qu'on opère sur des échantillons de moindre épaisseur.

Le bronze fond à environ 1800 degrés centigrades : selon quelques auteurs, c'est même à 2100 degrés que la fusion a lieu.

Effets de la liquation.

Les alliages de cuivre et d'étain ne sont point stables : ils ont une grande tendance à se décomposer par *liquation*. Pendant la fusion même ils se séparent en plusieurs autres alliages : ceux avec excès d'étain sont plus légers et se trouvent vers la surface du bain, les autres contenant plus de cuivre gagnent le fond en vertu de leur plus grande pesanteur spécifique. Pendant le refroidissement, la liquation qui se produit empêche d'obtenir un métal homogène. L'altération dans le titre des diverses parties du mélange est d'autant plus grande, que la masse du métal en fusion est plus considérable : car le refroidissement plus lent qui en résulte augmente le temps pendant lequel le cuivre et l'étain continuent à se séparer.

Il est donc impossible d'obtenir des pièces de bronze parfaitement homogènes, et l'hétérogénéité est d'autant plus marquée que le calibre des bouches à feu est plus fort.

L'altération dans la composition de l'alliage, donne lieu à des inconvénients très-graves. Elle occasionne des inégalités dans la dureté et dans la ténacité. Le coefficient de dilatabilité par la chaleur n'étant pas le même pour les divers alliages de cuivre et d'étain, il se produit des tiraillements dans les alternatives d'échauffement et de refroidissement qui accompagnent le tir d'une bouche à feu ; ces tiraillements provoquent la formation des *logements* ou des *sifflets* préjudiciables à la solidité de la pièce ou à la justesse du tir.

Changements que produit dans la dureté de l'alliage la variation dans la proportion d'étain et de cuivre. Inconvénients qu'offrent les parties riches en étain.

Le cuivre pur est moins fusible et moins oxidable que le bronze, et résiste d'une manière très-satisfaisante aux causes de détérioration qui naissent de la chaleur développée dans le tir. Mais ce métal n'a pas assez de dureté, les chocs des projectiles dans l'ame y font des empreintes qui croissent rapidement, et la tension des gaz produit des accroissements de calibre dans le lieu occupé par la charge. On remédie à une partie de ces inconvénients, en alliant l'étain au cuivre. Pris dans la proportion indiquée par l'expérience, l'étain procure de la dureté au métal ; cette dureté augmente avec la quantité d'étain jusqu'à une certaine limite, passée laquelle l'alliage devient de plus en plus mou. On se rend compte de ce dernier effet, en considérant que l'étain par lui-même a peu de dureté. Mais l'excès d'étain produit encore un autre grave inconvénient, à cause de sa grande fusibilité : il rend le bronze d'autant plus ramollissable par la chaleur, qu'il y entre en plus grande quantité.

Aussi il arrive fréquemment à la suite d'un tir prolongé, que le bronze se décompose dans les parties riches en étain qui se trouvent sur la paroi de l'ame; que l'étain est fondu par la chaleur ou oxidé par l'action des gaz, et que des égrènements ou des affouillements plus ou moins nombreux ou profonds en sont les suites.

Nécessité d'une tolérance sur le titre du bronze.

Lorsque le bronze est soumis à l'action de la chaleur et d'un courant d'air, ainsi que cela arrive quand on le fond dans un fourneau à réverbère, l'étain s'oxide en plus forte proportion que le cuivre ; ajoutons que le temps pendant lequel il faut chauffer le fourneau à réverbère, pour arriver au degré de chaleur voulue, est très-variable, et nous concevrons qu'on ne peut répondre qu'approximativement de la dose d'étain que renfermera le bronze de la pièce. Ce qui augmente encore l'incertitude, c'est l'effet de la liquation pendant le refroidissement après la coulée. Enfin, la masselotte fournit au restant de la pièce, pendant que le métal est encore à l'état pâteux, une certaine quantité de bronze riche en étain, qui contribue à compenser les pertes occasionnées par l'oxidation ou par les infiltrations du métal dans la matière du moule.

Pour ces motifs, on a reconnu la nécessité d'accorder une tolérance en plus ou en moins sur le titre de bronze. Cette tolérance a été fixée à 1 p. °/₀ d'étain en plus ou en moins; de sorte que le titre du bronze à canon varie entre 10 et 12 parties d'étain pour 100 parties de cuivre.

Raisons pour lesquelles on a adopté le titre actuel du bronze à canon.

De nombreuses expériences ont prouvé que le titre actuel du bronze à canon, était celui qui donnait les meilleurs résultats. Si l'on augmentait la proportion d'étain, la dureté de l'alliage augmenterait en même temps, mais sa ductilité et sa ténacité diminuerait : l'alliage aurait moins de stabilité, il abandonnerait plus facilement l'étain par la chaleur développée dans le tir ; une partie plus considérable d'étain se fonderait et s'oxiderait, ce qui augmenterait les égrènements et les affouillements et accélérerait la mise hors de service de la pièce. En diminuant au contraire la dose d'étain, on rend l'alliage plus intime et plus homogène, parce que la liquation tend moins à le décomposer. Mais le métal en devient moins dur et plus ductile, ce qui fait que les battements deviennent plus considérables lors du tir ainsi que le refoulement à l'emplacement de la charge.

On voit donc qu'on ne peut éviter un inconvénient sans en rencontrer un autre en variant la dose d'étain. Aussi a-t-on adopté le titre actuel qui n'a guère varié depuis longtemps et avec lequel on est certain d'avoir un alliage qui renferme de 10 à 12 d'étain pour 100 de cuivre.

Répartition de l'étain dans les diverses parties d'une pièce.

Les effets de la liquation joints à ceux provenant de la compression due à la masselotte amènent dans le titre des différentes parties des bouches à feu des résultats qu'il est important de connaître.

On a généralement remarqué :

1° Que pour une même section perpendiculaire à l'axe le titre en étain était le plus considérable au centre de la pièce.

2° Que le titre en étain allait en augmentant depuis la bouche jusqu'à une petite distance du cul de lampe.

3° Que le métal était toujours poreux vers l'axe de la pièce et que cette porosité diminuait rapidement à mesure qu'on s'en écartait, de sorte qu'à une petite distance de cet axe, (distance un peu plus grande pour les forts calibres) il n'était guère possible de reconnaître de différence dans la texture du métal.

4° Que la densité du métal allait en croissant depuis la tranche jusqu'à la culasse.

5° Que la dose d'étain après avoir diminué à partir de l'axe augmentait ensuite à mesure qu'on approchait de la surface.

6° Que le titre des parties minces, dans lesquelles le refroidissement, après la coulée, est assez prompt pour que les effets de la liquation ne soient pas sensibles, telles que les boutons de culasse, les tourillons, les anses, représentait assez exactement le titre moyen de la pièce.

Influence des substances étrangères sur les qualités du bronze.

Il est important que le cuivre et l'étain soient parfaitement purs pour composer le bronze : car certaines substances altèrent d'une manière très-sensible les qualités de l'alliage, et leur présence empêche de prendre les composants du bronze dans la proportion voulue.

Une très-petite quantité de plomb diminue la ténacité du bronze et augmente considérablement les effets de la liquation. Malheureusement on le rencontre fréquemment dans l'étain, dans le vieux bronze et quelquefois dans le cuivre : il est presque impossible de l'éviter entièrement. Aussi est-on forcé de le tolérer dans les métaux qui doivent servir à la coulée des pièces, pourvu que son poids ne dépasse pas le $^1/_{100}$ du chargement.

L'arsenic rend le cuivre et l'alliage cassants : il ne faut pas que le bronze en renferme la plus minime proportion. Cependant certains objets, tels que les boîtes de roue, n'ont pas besoin d'une très-grande résistance, et peuvent être coulés avec un métal qui contiendrait quelques traces d'arsenic.

L'antimoine procure de la dureté au bronze, mais comme il en diminue la ductilité sa présence est préjudiciable.

Quelques millièmes de fer et de zinc ne nuisent pas aux qualités du bronze : ils lui donnent même plus d'homogénéité et de dureté et rendent l'alliage plus stable en s'opposant aux effets de la liquation. Mais le fer dans la proportion de deux centièmes occasionne des tiraillements et un retrait irrégulier à la suite de la chaleur produite dans le tir : il en résulte des sifflets profonds et nombreux.

La présence du zinc favorise la formation des affouillements et des égrènements, tandis que sa propriété de se volatiliser est une cause de soufflure.

Défauts occasionnés par le tir dans les pièces de bronze.

Le bronze ne possède pas au degré désirable les qualités d'un bon métal à canon. L'alliage n'étant point stable est sujet aux égrènements et aux affouillements par l'action corrosive des produits de la combustion de la poudre. Le défaut de dureté est encore augmenté par le ramollissement du métal sous l'influence de la chaleur développée dans un tir prolongé. Le bronze n'étant pas suffisamment dur, la force expansive des gaz refoule les parois de l'ame à l'emplacement de la charge, en augmente le calibre et produit ce qu'on appelle un *refoulement.* Le métal n'étant pas assez dur cède à la pression qu'exerce le projectile à sa partie inférieure, avant son déplacement, lorsque les gaz s'échappent par le vent entre ce projectile et la paroi supérieure de l'ame. L'empreinte ou le *logement* qui se forme au contact du projectile s'agrandit de plus en plus : les chocs du projectile contre la paroi de l'ame déterminent des battements de plus en plus profonds et nombreux ; la justesse du tir en est diminuée et la pièce ne tarde pas à être hors de service.

Opinion de quelques fondeurs sur le titre que devraient avoir les pièces de bronze.

Ce sont ces faits et ces considérations qui ont fait naître parmi les fondeurs l'opinion qu'il convenait d'augmenter la proportion d'étain pour les bouches à feu les plus puissantes, afin qu'elles fussent à même de résister aux causes de refoulement et de logement qui sont plus prononcées, et que cette proportion devait être réduite pour les petits calibres, qui ont été reconnus avoir suffisamment de dureté. Ils ont généralement pensé qu'il était préférable que le bronze renfermât sur 100 de cuivre, 10 d'étain pour les petits calibres et 12 d'étain pour les grosses pièces. Du reste des opinions très-divergentes ont été émises sans avoir été convenablement appuyées par l'expérience.

Insuccès des recherches pour améliorer les pièces de bronze.

Des essais ont été faits pour améliorer le bronze à canon. On a cherché par des combinaisons ternaires, quaternaires, multiples, etc., à augmenter la dureté du métal, sans rien lui faire perdre de sa ténacité et de la stabilité de l'alliage. Ce que nous avons dit de l'influence du fer et du zinc dans l'alliage suffit à expliquer l'insuccès de ces tentatives. L'inégale conductibilité de la chaleur des divers composants, les différences de température de leur point de fusion, etc., etc, doivent nécessairement produire des tiraillements et un retrait irrégulier dans le refroidissement qui a lieu après la fusion et dans les alternatives de chaud et de froid qui accompagnent le tir des bouches à feu. Le défaut d'homogénéité et de stabilité de l'alliage doit être une cause de piqûres et d'égrènements. Enfin le peu de ténacité de certains composants et surtout le peu d'affinité de ces composants l'un pour l'autre, ont dû influer d'une manière fâcheuse sur les propriétés de l'alliage et ont dû augmenter les difficultés de la fabrication.

Des recherches ont aussi été dirigées dans un autre sens : on a essayé des ames en fonte ou en fer forgé dans des tubes de bronze, etc.

Si les inconvénients, qui résultent de la différence de la dilatabilité par la chaleur sont graves pour les divers alliages ternaires, quaternaires, etc., où il entre du fer, du cuivre de l'étain et d'autres substances, à plus forte raison doivent-ils se faire remarquer dans ces sortes de pièces. Aussi ces tentatives n'ont-elles été suivies d'aucun succès.

Avantage du bronze comme métal à canon.

Il resulte de ce qui précède, que si le bronze à canon n'a pas toutes les qualités désirables, il est impossible de trouver un autre métal aussi tenace et qui possède en même temps la même dureté, la même résistance un ramollissement par la chaleur produite dans le tir et la même stabilité ou résistance à l'action corrosive des gaz.

ARTICLE IV.

DU CUIVRE.

Le cuivre est connu de toute antiquité. Il est d'un rouge brique très-vif : il acquiert une odeur désagréable en le frottant entre les doigts : il est très-malléable et très-ductile. Le cuivre occupe le huitième rang parmi les métaux pour la malléabilité et le cinquième pour la ductilité. Il est plus dur que l'or et l'argent. Après le fer c'est le plus tenace de tous les métaux. La densité du cuivre fondu est de 8.78 : celle du cuivre étiré en fils de 8.96. Le cuivre entre en fusion à 27° du pyromètre de Weyword, ce qui correspond à peu près à 2800 degrés centigrades. Il cristallise par le refroidissement en rhomboëdre.

Le cuivre parvenu à une température élevée se volatilise sensiblement et produit des vapeurs qui donnent à la flamme une belle couleur verte. Ces vapeurs sont fort remarquables lors de la coulée du bronze et produisent de mauvais effets sur la santé. Cependant le cuivre n'est pas très-volatil.

Le cuivre a peu d'affinité pour l'oxigène : il se conserve indéfiniment sans altération dans l'air et l'oxigène secs. Mais lorsqu'on le maintient dans l'air humide, il se couvre d'une couche verte qu'on nomme *vert de gris*, qui est un hydro-carbonate de cuivre.

Quand on chauffe le cuivre à l'air à une température peu élevée, il se forme à la surface du métal une couche rougeâtre de protoxide de cuivre : si on prolonge l'action de l'oxigène le protoxide de cuivre se change en bioxide qui est noir.

Le soufre, le phosphore, l'arsenic, le chlore, le brôme et la plupart des métaux s'unissent directement au cuivre. Une très-petite quantité de phosphore ou d'arsenic, suffit pour blanchir le cuivre et le rendre dur et cassant.

Le carbone ne s'unit pas en proportions définies avec le cuivre. Ce métal tenu longtemps en fusion dans un creuset brasqué n'augmente pas sensiblement de poids.

Le cuivre fondu en plaques a une cassure grenue à grains d'autant plus fins que les plaques sont coulées plus minces.

La cassure du cuivre forgé présente un nerf court et soyeux.

Autrefois le cuivre le plus renommé provenait de la Suède, de la Norwège et de la Hongrie. On le fournissait en plaques rondes nommées *rosettes*. Mais l'industrie du raffinage du cuivre a fait de notables progrès, en Angleterre. Ainsi dans ce pays on purifie toute espèce de cuivre et on le vend dans le commerce en plaques rectangulaires et sous la dénomination de *cuivre affiné*. L'exploitation des minérais de cuivre de l'Australie a pris un grand développement depuis un certain nombre d'années et a fait une redoutable concurrence aux produits des autres pays et notamment au cuivre du Chili et de la Russie.

L'examen du cuivre se fait par les analyses chimiques, et par des essais mécaniques, de forge et de fusion.

Les procédés d'analyse sont suffisamment détaillés dans les ouvrages de chimie; nous nous dispenserons d'en parler : au besoin nous recommanderions le cours de chimie générale par Pelouze et Fremy. Nous nous bornerons donc à indiquer les autres procédés pour l'examen du cuivre, qui, sans avoir la rigueur scientifique de l'analyse, n'en conduisent pas moins à un jugement qui n'est, pour ainsi dire, jamais en défaut sur la bonne ou la mauvaise qualité du métal présenté.

On brise les plaques de cuivre : elles doivent montrer une texture grenue d'une couleur rouge brique assez vive : une teinte uniforme, une cassure arrachée. La rupture ne doit avoir lieu qu'après de grands efforts proportionnés d'ailleurs aux dimensions de l'échantillon.

Le cuivre doit se laisser forger sans présenter de crevasses ni de doublures : il doit se laisser étirer au marteau en fils très-minces; rompu après avoir été forgé il doit montrer du nerf, un aspect soyeux et un éclat très-vif.

On éprouve la résistance du cuivre par des efforts de traction. On fait l'essai du cuivre comme composant du bronze en le fondant et le mélangeant avec 11 p. °/₀ d'étain pur. Les objets coulés avec le bronze, doivent montrer à la cassure une couleur uniforme, indice de la pureté du cuivre par la facilité qu'il a de s'allier à l'étain. La couleur de la cassure doit être franchement jaunâtre ; le grain doit en être arraché. Le bronze d'essai doit posséder une grande ténacité.

En général, il convient de procéder par voie de comparaison avec un échantillon type dont la pureté et la bonté ont été reconnues par des fabrications antérieures.

La fonderie de Liége a obtenu les meilleurs résultats par l'emploi du cuivre livré en fortes plaques et affiné en Angleterre.

ARTICLE V.

DE L'ÉTAIN.

L'étain est brillant et d'un blanc argentin. Il manifeste une odeur désagréable quand on le frotte entre les doigts. Il est très-malléable : il est ductile au laminoir, mais peu à la filière. L'étain est peu tenace : rompu à coups de marteau, il offre une texture grenue ou fibreuse. Plié en différents sens, il fait entendre un son particulier, connu sous le nom de *cri de l'étain.* L'étain est un des métaux les plus mous et les moins élastiques ; aussi n'a-t-il pas de sonorité. Sa densité est de 7,285 et n'augmente pas par le martelage. L'étain entre en fusion à 228° centigrades.

L'étain ne se volatilise pas aux températures les plus élevées de nos usines. Les vapeurs blanchâtres qu'on remarque lors de la coulée des pièces de bronze, sont simplement de l'oxide d'étain entraîné par les courants d'air.

L'étain n'agit pas sensiblement sur l'air sec ou humide, aussi peut-on le conserver longtemps à l'air sans altération ; mais lorsqu'on élève sa température, il s'oxide rapidement.

L'étain du commerce contient souvent une petite quantité de plomb, de fer, de cuivre et d'arsenic.

L'étain le plus estimé est celui de Malacca et de Banca. On juge de la pureté de l'étain en le fondant à une douce chaleur et en examinant l'aspect de sa surface au moment où il se solidifie : l'étain le plus pur est le plus blanc, le plus brillant et celui qui présente le moins d'indices de cristallisation à sa surface.

Lorsque l'étain se couvre de ramifications cristallines après le refroidissement et surtout lorsqu'il montre une surface d'un blanc mat, on peut être à peu près assuré qu'il est allié à des métaux étrangers.

Indépendamment des analyses chimiques et des essais que nous venons de décrire, il convient, lorsqu'on veut faire une réception d'étain, de le comparer avec des échantillons types dont la bonté a été reconnue dans de précédentes fabrications.

ARTICLE VI.

GÉNÉRALITÉS SUR LES FONTES.

Production de la fonte : sa composition.

Dans le travail des hauts-fourneaux le fer s'unit à une certaine quantité de carbone, acquiert la propriété d'être fusible et constitue un métal qu'on nomme *fonte*. Les diverses matières dont les minérais de fer sont composés, ne peuvent être entièrement éliminées : il en résulte que la fonte n'est pas exclusivement formée de fer et de carbone, mais qu'elle contient en outre quelques substances étrangères : de là, les différences qu'on remarque dans ses propriétés.

Les matières étrangères que renferme la fonte peuvent aussi provenir en partie du combustible, surtout lorsque celui-ci est pyriteux. On trouve du silicium dans toutes les fontes et souvent du manganèse, du phosphore, du soufre, etc. Ce qui distingue principalement la fonte du fer pur et de l'acier, c'est qu'elle ne se laisse ni forger, ni souder, qu'elle a moins de ténacité et qu'elle est plus fusible.

La quantité de carbone contenue dans la fonte est plus considérable que dans le fer et l'acier : elle varie de 2 à 5 pour 100 de fer.

Il y a deux manières d'être du carbone dans la fonte.

La fonte présente des aspects et des propriétés bien différents, selon que le carbone s'y trouve à l'état de combinaison chimique ou en partie à l'*état libre* sous forme de paillettes noires graphiteuses disséminées dans la masse.

Produits qui résultent des deux manières d'être du carbone dans la fonte.

La *fonte blanche* est celle dont le carbone est à l'état de combinaison chimique. Dans la *fonte grise* une partie seulement du carbone est combinée tandis que l'autre partie reste à l'état de *carbone libre.*

Le mélange de la fonte blanche avec la fonte grise constitue une espèce intermédiaire, la *fonte truitée.*

Caractères généraux de la fonte blanche.

La fonte blanche est d'une couleur blanchâtre, quelquefois argentine : elle a un éclat métallique : elle est élastique, sonore, cassante et extrêmement dure. Sa densité est plus grande que celle de la fonte grise et moindre que celle du fer forgé et de l'acier. On conçoit cependant que la fonte blanche obtenue par la trempe de la fonte grise ait moins de densité que cette dernière.

Caractères généraux de la fonte grise.

La fonte grise est d'une couleur gris de fer, plus ou moins claire ou foncée : elle est douce, facile à tailler, à limer et à forer; sa cassure est grenue à grains plus ou moins fins et cristallins. En général, plus la fonte grise contient de carbone libre et plus sa couleur est foncée, plus les grains en sont gros et miroitans.

Les gros grains affectent une forme qui se rapproche plus ou moins parfaitement de la forme cubique; à dose égale de carbone, la fonte grise renfermant moins de carbone combiné que la fonte blanche, elle se rapproche davantage du fer pur. Les proportions relatives de graphite et de carbone combiné sont plus importantes à considérer que la quantité absolue de carbone. La fonte grise contient environ $^1/_2$ à 1 p. $^0/_0$ de carbone combiné et 2 à 3 p. $^0/_0$ de carbone libre.

La fonte grise est moins dure, moins élastique et moins sonore que la fonte blanche : elle en diffère d'autant plus que sa couleur est plus foncée. En général, quand la fonte n'est pas grise à l'excès, elle est plus tenace que la fonte blanche.

Caractères des fontes truitées.

La fonte truitée présente à sa cassure un mélange de particules de fonte grise et de fonte blanche. Lorsque la couleur blanche domine, on dit que la fonte est truitée sur fond blanc; quand c'est au contraire la couleur grise qui l'emporte, la fonte est truitée sur fond gris. Les propriétés de la fonte truitée sont intermédiaires entre celles des deux sortes de fonte dont elle est composée. Cependant la fonte truitée est généralement plus tenace que la fonte grise. Les fontes passent par des nuances insensibles d'une espèce à l'autre.

Espèces de fonte blanche.

Il y a quatre espèces de fonte blanche :

La fonte blanche lamelleuse, la fonte blanche par surcharge, la fonte blanche par décarburation et enfin la fonte blanchie par la trempe.

Espèces de fonte grise.

La fonte grise comprend deux espèces : la fonte noire et la fonte grise proprement dite. La fonte grise elle-même se sous-divise en fontes grises n°s 1, 2 et 3 selon la quantité de carbone libre qu'elle renferme. La fonte n° 1 étant la plus carburée ou graphiteuse et celle n° 3 étant la moins carburée.

Nous allons examiner succinctement ces diverses espèces.

Fonte blanche lamelleuse.

On obtient la fonte blanche lamelleuse dans le haut-fourneau lorsque l'oxide de fer se réduit complètement, que le carbone carbure le fer en se combinant avec lui, et qu'il ne se produit pas d'autre réaction. Cette fonte a un aspect métallique très-prononcé, une couleur argentine, un éclat très-vif; sa cassure est lamelleuse et rayonnée ou esquilleuse tout en même temps. La fonte blanche lamelleuse contient autant de carbone que la fonte grise, mais diverses causes contribuent à la combinaison de tout le carbone : l'allure et la température du haut-fourneau; les proportions, la quantité et les qualités des matières qui entrent dans les charges, la quantité d'air introduite, etc. Certaines substances ont la propriété de dissoudre le carbone et de le retenir à l'état de combinaison avec le fer : le manganèse possède cette propriété à un très-haut degré.

La fonte blanche lamelleuse est plus fusible que la fonte grise, mais elle reste toujours à l'état de fusion pâteuse : elle se fige extrêmement vite, elle montre en coulant une couleur blanche et lance des étincelles.

La fonte blanche remplit difficilement les petites cavités des moules parce qu'elle est peu coulante et qu'elle se fige vite. Les parois des objets coulés avec cette fonte, étant promptement congelées, leurs arêtes sont toujours arrondies et le retrait du métal a lieu du centre vers la surface; de là naissent des cavités au milieu de l'épaisseur de ces objets.

La fonte blanche lamelleuse est d'autant plus dure qu'elle contient plus de carbone : certaines variétés fondues à une température très-élevée à l'abri du contact de l'air puis refroidies très-lentement, peuvent devenir graphiteuses et grises.

Le fer a donc la propriété de dissoudre le charbon, lorsqu'il est parvenu à un haut degré de chaleur, et de l'abandonner ensuite sous forme de graphite, par un refroidissement lent.

Toutes les fontes portées à un certain degré de chaleur et refroidies lentement deviennent moins dures et plus foncées en couleur.

Les fontes blanches s'oxident moins vite que les fontes grises.

Fonte blanche par surcharge.

Quand il y a excès de minérai dans le haut fourneau, la température s'abaisse, l'affinité du fer pour le carbone diminue, la réduction se fait incomplètement et la fonte est pauvre en carbone. La fonte blanche par surcharge est généralement grenue : mais on conçoit que la proportion de minérai relativement au combustible peut varier, ainsi que la teneur en certaines substances étrangères, et que les produits du haut-fourneau peuvent présenter toutes les variétés intermédiaires depuis l'acier le plus carburé jusqu'à la fonte blanche lamelleuse. La fonte blanche par surcharge ou grenue, a un grain fin et serré : sa couleur est d'un blanc grisâtre; elle est dure, élastique et cassante.

La fonte blanche grenue fond plus vite que la fonte grise : elle acquiert un état de fusion pâteuse comme la fonte blanche lamelleuse, mais elle se fige moins vite. Elle est d'une grande blancheur en coulant et très-étincelante.

La fonte blanche grenue présente les mêmes défauts que la fonte blanche lamelleuse pour la coulée des objets. Elle est peu fluide, elle remplit difficilement les parties minces des moules, elle ne peut donner des arêtes vives, enfin elle occasionne des cavités par le retrait qu'elle prend à la suite de sa prompte solidification à la surface.

La fonte blanche par décarburation.

Lorsque les fontes grises ou truitées sont fondues et exposées longtemps à l'action des courants d'air, une partie de leur carbone est brulé, et la partie restante de carbone est unie plus intimement avec le fer. Lorsque la décarburation est poussée jusqu'à un certain degré, on obtient de la fonte blanche. Si on continue de soumettre la fonte en fusion à l'action de l'air, et qu'on la remue pour en renouveler les surfaces exposées aux courants, la fonte perd de plus en plus de son carbone, se rapproche davantage de l'acier d'abord, et du fer pur ensuite et produit enfin du fer affiné.

La fonte blanche par décarburation est d'autant moins fusible qu'elle contient moins de carbone. Elle a une couleur métallique; sa cassure est tantôt lamelleuse et tantôt grenue. Lorsque la décarburation est très-avancée, la cassure de la fonte est uniquement grenue, irrégulière, parsemée de trous ou petites cavités et d'une couleur d'un blanc mat et plus ou moins gris. Cette espèce de fonte est moins dure que les 2 autres sortes de fonte blanche; elle est très-cassante.

La fonte blanchie par la trempe.

Lorsqu'on refroidit subitement certaines fontes quand elles sont encore à l'état de fusion ignée, elles se blanchissent et présentent tous les caractères de la fonte blanche lamelleuse. L'effet de la trempe est plus ou moins prononcé selon les dimensions de l'objet coulé et refroidi.

Plus ces dimensions sont faibles, plus la trempe agit avec énergie pour modifier la texture moléculaire de la fonte.

Toutes les fontes durcissent par la trempe, mais elles ne peuvent toutes blanchir. En général ce sont les fontes fortes, celles qui contiennent du manganèse, qui blanchissent le plus facilement. Les fontes grises de moulage de notre pays, surtout celles au coke, refondues au cubilot sans mélange avec des fontes de 2e fusion, deviennent plus dures par un refroidissement subit mais ne blanchissent pas en général. Les fontes fortes à canon, au contraire, blanchissent très-facilement.

Un moule humide produit l'effet de la trempe à la surface de l'objet coulé.

Aussi est-il très-important de sécher complètement les moules des canons pour empêcher les tourillons de se convertir en fonte blanche. La fonte de Suède blanchit très-facilement.

Les fontes blanchies par la trempe, reprennent leurs qualités primitives, lorsqu'après les avoir fondues de nouveau à l'abri du contact de l'air on les laisse se refroidir lentement.

Lorsque l'allure du haut fourneau est régulière, que le combustible est en excès et que la température y est très-élevée la réduction du minérai se fait plus complètement, l'affinité du fer pour le carbone devient plus grande ; d'ailleurs l'abondance du carbone fait qu'une partie en est entraînée à l'état libre ; il y a production de fonte grise.

Fonte noire — ses caractères.

Au commencement du travail au haut-fourneau, il s'y produit d'abord une chaleur des plus élevée, qu'il serait impossible de conserver à moins de consommer une quantité énorme de combustible : les premiers produits sont de la *fonte noire.*

La fonte noire est assez tendre pour conserver l'empreinte du marteau : sa cassure est à très-gros grains miroitans d'une couleur grise très-foncée ou noirâtre, provenant des grains graphiteux visibles à l'œil. La fonte noire n'a presque point de sonorité ni d'élasticité : elle est très-peu tenace : elle est plus graphiteuse plus poreuse, plus fusible et plus coulante que toutes les autres fontes. Elle prend à la coulée une couleur rouge et ne lance pas des étincelles.

Fonte grise — ses caractères.

La fonte grise a une cassure grenue, tantôt à gros grains, tantôt à grains fins et serrés. Plus la fonte est graphiteuse, plus ses grains sont gros et plus la couleur en est foncée. Toutes les fontes grises renferment une certaine quantité de silicium qui en diminue la ténacité. Lorsque le silicium est en quantité notable la fonte grise a une couleur claire, des grains fins et serrés : elle est très-cassante et on dit que la fonte est sèche.

La fonte grise entre en fusion à une température très-élevée, plus forte que pour les autres fontes : elle est très-fluide, coulante et se fige lentement : elle remplit bien les cavités des moules, et elle conserve après le refroidissement ses arêtes vives. La fonte grise a plus de retrait que les fontes blanches ou truitées. Les fon-

4

tes exposées à l'air s'oxident d'autant plus facilement qu'elles sont plus grises.

Influence des corps étrangers sur les propriétés de la fonte.

Nous avons déjà dit que la fonte ne se composait pas exclusivement de fer et de carbone, mais qu'elle contenait en outre une petite quantité d'autres substances, et que certaines d'entre-elles pouvaient altérer considérablement les propriétés de ce métal.

Le silicium nuit à la ténacité des fontes. Les fontes grises au coke en renferment une quantité très-notable.

Le phosphore est contenu dans presque toutes les fontes : il les rend fusibles, très-coulantes et lentes à se figer : mais il nuit énormément à leur ténacité. Les fontes phosphoreuses conviennent pour couler des objets à parois minces, à formes délicates, tels que des médailles, des statues, des ornements qui n'ont pas besoin d'une grande résistance.

Lorsqu'on expose à des courants d'air la fonte phosphoreuse à l'état de fusion, une partie du phosphore s'acidifie et entre dans les laitiers. On a ainsi l'explication partielle de l'augmentation de ténacité qu'on remarque dans les fontes refondues au fourneau à réverbère, lorsque la fusion n'est pas trop prolongée. Le phosphore a une tendance à blanchir la fonte.

Le soufre augmente la fusibilité de la fonte : il tend à la blanchir, il nuit à sa ténacité. Les objets coulés avec des fontes sulfureuses sont exposés à des soufflures : la surface de ces objets est souvent inégale, raboteuse, parsemée de petites piqûres. Ces défauts sont dus au bouillonnement qu'on remarque dans les fontes sulfureuses lorsqu'elles sont à l'état de fusion.

On améliore beaucoup les fontes sulfureuses en les mélangeant pour la coulée des objets avec de la fonte phosphoreuse. Il paraît que lors de la fusion le phosphore annihile une portion du soufre dans les fontes en se substituant au carbone et en facilitant par suite la formation du sulfure de carbone.

Le manganèse rend la combinaison du fer avec le carbone plus stable : il durcit la fonte, et il paraît essentiel à la formation de la fonte blanche lamelleuse.

En général les fontes fortes sont manganésifères et blanchissent par la trempe. Les fontes manganésifères sont très-recherchées pour la fabrication des canons, de l'acier et du fer fort.

L'antimoine durcit la fonte, la rend cassante et plus fusible.

Le zinc rend la fonte fusible et cassante : il répand, quand il est à l'état de fusion, des vapeurs qui nuisent à la netteté des surfaces des objets coulés.

L'étain s'allie très-bien avec la fonte, lui communique une texture à grains fins et serrés ; la rend fusible, sonore et dure, mais nuit à sa ténacité et à son homogénéité.

Le cuivre forme un alliage ou plutôt un mélange peu stable avec la fonte. La dilatabilité inégale de la fonte et du cuivre fait que ce mélange ne convient nullement pour la fabrication des bouches à feu.

L'arsenic durcit la fonte et la rend cassante.

La surface des objets coulés avec de la fonte arsénieuse est souvent rugueuse, inégale et remplie de petites cavités.

En général, la présence des corps étrangers dans la fonte ne peut que la rendre aigre et nuire à sa ténacité.

ARTICLE VII.

RÉCEPTION DES FONTES FORTES A CANON.

La fontes employées au coulage des canons proviennent de minérais destinés à la fabrication du fer fort, et sont connues dans le commerce sous le nom de *fontes fortes.* Leur aspect varie suivant qu'elles proviennent de hauts-fourneaux au bois ou de ceux au coke : leur cassure diffère suivant les dimensions des échantillons : en général le grain est d'autant plus gros, plus miroitant, plus foncé en couleur que les barreaux de fonte essayés sont plus volumineux. Dans un même échantillon l'aspect de la cassure varie également suivant la place où la rupture a été opérée.

Caractères des fontes fortes au bois.

Les fontes fortes au bois sont généralement livrées en *gueuses* pesant 1000 à 1200 kilogrammes, elles ont un grain assez gros, miroitant, une cassure plus ou moins arrachée d'une couleur grise claire : le graphite s'y montre fort souvent affectant plus ou moins parfaitement la forme cubique et ayant un aspect cristallin. Les fontes très-graphiteuses ne sont pas fortes, mais elles peuvent le devenir par une seconde fusion suffisamment prolongée pour bruler l'excès de carbone ou par un mélange en proportion convenable avec des fontes de 2de fusion. On constate facilement la présence du graphite dans la fonte, en répandant un peu de vinaigre sur une cassure récente : 24 heures après, la fonte est entièrement oxidée à l'exception des grains de graphite qui sont inattaquables par l'acide et qui restent brillants.

Caractères des fontes fortes au coke.

Les fontes fortes au coke sont ordinairement livrées en gueusets pesant de 50 à 100 kilogrammes ; elles ont en général un grain plus fin que les fontes au bois, une couleur plus foncée, une cassure également arrachée : elles présentent souvent une disposition étoilée formée par un assemblage de rayons qui convergent : le pourtour du gueuset montre parfois à la cassure une pellicule blanchâtre.

On reconnait la présence du graphite dans les fontes au coke par l'essai du vinaigre.

Effet de la fusion au fourneau à réverbère.

Ce que nous venons de dire relativement à l'influence du graphite sur la résistance des fontes grises au bois s'applique également aux fontes au coke. La fusion au fourneau à réverbère améliore la ténacité des fontes ;

1° En enlevant un excès de carbone et rapprochant ainsi la fonte de l'état du fer pur ;

2° En produisant une température plus élevée que dans le haut-fourneau ce qui achève la réduction des parties impures mêlées à la fonte ;

3° Comme cas particulier du second paragraphe, en acidifiant une partie du phosphore qui entre ainsi dans les laitiers.

Le mélange de plusieurs espèces de fontes en améliore la qualité par l'influence des corps étrangers apportés par ces diverses fontes. Comme exemple nous citerons l'effet des fontes phosphoreuses sur les fontes sulfureuses lorsqu'elles sont fondues ensemble dans des proportions convenables.

Il est très-important d'éviter que la fonte refondue au fourneau à réverbère devienne blanche, car elle serait cassante, les forets ne mordraient pas, et la pièce serait difficile à couler par le peu de fluidité que la fonte blanche est susceptible d'acquérir.

Emploi des masselottes.

La fabrication des canons donne lieu à un résidu considérable la *masselotte*, composée d'excellente fonte qu'il importe d'utiliser. C'est dans ce but qu'on achète des fontes suffisamment grises, afin que mélangées dans une certaine proportion avec les masselottes qui sont des fontes peu carburées, il en résulte au fourneau à réverbère des produits formés de fonte truitée, conservant encore assez de carbone libre pour être suffisamment fluides et pour ne pas être rebelles aux burins après le refroidissement.

Ainsi on achète des fontes grises, qu'on mêle en certaines proportions avec des masselottes pour les refondre aux fourneaux à réverbère afin de couler des canons qui soient de *fonte truitée.*

Epreuve par le tir à outrance.

Les caractères physiques ainsi que la composition chimique ne fournissent pas de données suffisantes pour déterminer le choix des fontes qui conviennent à la fabrication des bouches à feu. On est donc réduit à un mode d'essai, très-coûteux, il est vrai, mais qui fournit un renseignement *certain* sur la bonne qualité de la fonte reçue.

Cet essai consiste à fabriquer un canon de 8 long, modèle français, avec les fontes présentées et à lui faire subir les épreuves suivantes :

		kilog.							
20	coups à	1.333	de poudre	1	valet,	1	boulet,	1	valet,
20	id.	1.333	id.	1	id.	2	id.	1	id.
10	id.	1.958	id.	1	id.	3	id.	1	id.
5	id.	3.916	id.	1	id.	6	id.	1	id.

TOTAL 55 coups.

Lorsque le canon a supporté ces charges sans éclater, la fonte présentée est déclarée recevable : si la rupture a lieu avant ou au 55me coup, la fonte est rebutée.

Il est d'usage, lorsque le canon a résisté aux 55 premiers coups de continuer le tir jusqu'à l'éclatement. Les nouvelles charges qu'on emploie alors sont constamment 7_k.832 de poudre 1 valet, 13 boulets, 1 valet.

En faisant toujours *l'épreuve à outrance*, on peut comparer la fonte essayée à celle employée précédemment, et on dit de la fonte qu'elle est à 56 ou à 58 coups, selon que la rupture de la pièce a eu lieu au 56me ou au 58me coup.

Par l'épreuve du tir on n'est jamais exposé à recevoir de mauvaises fontes.

Une cause fortuite, telle qu'un dérangement dans le fourneau à réverbère, un calement de boulet, etc., peut déterminer la rupture prématurée d'un canon sans que la fonte en soit mauvaise. Dans ce cas on est exposé à rebuter de la bonne fonte : mais le mode d'épreuve offre cependant cette garantie que la *fonte reçue* est *toujours de bonne qualité.*

Nécessité de prolonger la fusion au fourneau à réverbère, pour la coulée d'essai d'un canon de 8 long, quand la fonte présentée est trop grise.

La fonte présentée peut être d'une bonne qualité mais trop grise pour donner un métal à canon suffisamment tenace, quand elle est refondue seule dans le fourneau à réverbère. On a soin, dans ce cas, de prolonger assez la fusion pour que la fonte soit convenablement décarburée.

Insuffisance des essais mécaniques pour reconnaître les qualités des fontes de 1re fusion comme métal à canon.

Ce serait un moyen commode pour reconnaître les qualités des fontes de 1re fusion présentées pour la fabrication des canons, s'il suffisait d'en choisir des barreaux d'une dimension déterminée, ou de découper dans ces barreaux des échantillons d'une certaine grandeur, et de les soumettre à certains efforts de choc ou de traction, jusqu'à ce que la rupture s'en suivit. La grandeur de l'effort exercé pour produire la rupture servirait à évaluer la résistance dont les fontes sont capables, les essais sur la résistance mécanique étant faciles, il serait possible d'estimer sainement le mérite d'une fourniture de fonte comme métal à canon. Mais ce mode d'examen n'est admissible que pour autant que tous les barreaux de fonte offrent le même aspect à la cassure et la même résistance par unité de surface.

Il faudrait en outre que les échantillons pris sur toutes les fontes de 1re fusion quelle que soit leur l'origine et qui conviennent à la coulée des pièces, offrissent la même résistance à la rupture, ou du moins que leurs résistances fussent proportionnées au nombre de coups que les pièces sont capables de supporter.

Enfin la mauvaise fonte ne devrait jamais être aussi résistante aux efforts de choc ou de pression en 1re fusion que la bonne fonte également en 1re fusion. Les considérations qui vont suivre, démontreront qu'un genre d'essai aussi simple, que celui de la résistance au choc ou à la pression, ne peut malheureusement servir à reconnaître la qualité d'une fonte à canon, tant qu'elle n'a pas été refondue.

Les fontes de 1re fusion sont obtenues directement par la coulée au haut-fourneau. Le métal liquide est reçu dans des rigoles creusées dans le sable qui forme le sol de l'établissement. Les lingots de fonte prennent le nom de *gueusets*, quand ils ne pèsent que de 30 à 100 kilog. et celui de gueuses quand leur poids est de 1000 à 1200 kilogrammes. La fonte provenant d'une même coulée est généralement considérée comme composée de la même manière. Cependant on remarque certaines différences entre la fonte coulée la première et qui provient du fond du creuset avec celle sortie la dernière du haut-fourneau et qui surnageait le bain du métal dans le creuset. La première est ordinairement un peu moins carburée et moins chaude. Cependant à part le plus ou moins de graphite qui peut se trouver dans les lingots extrêmes, on estime dans la pratique que la coulée entière forme une fonte jouissant des mêmes qualités, après qu'elle a été refondue, et qu'elle est composée de la même manière relativement aux autres substances que le fer et le carbone.

Malgré cette identité de composition, les lingots sont loin de présenter le même aspect à la cassure et la même ténacité par unité de surface. On y remarque tantôt un grain fin et serré, tantôt de gros grains, cristallins et graphiteux. La résistance à la rupture des divers lingots coulés en même temps avec les mêmes dimensions, est très-variable. Certains lingots sont très-difficiles à rompre, d'autres, au contraire, se brisent au premier coup de masse.

Quand le sable des rigoles est humide, la fonte se trempe plus ou moins; elle acquiert un grain fin et serré. On appelle gueuses-mères, celles qui proviennent d'une rigole communiquant avec plusieurs autres, et par laquelle doit passer le métal liquide pour remplir ces dernières. Les gueuses-mères ayant été échauffées par le courant de fonte liquide, se refroidissent bien plus lentement que les autres, aussi montrent-elles à la cassure de plus gros grains et l'aspect d'une fonte plus grise. Dans un même lingot, il se produit sur une plus petite échelle le même phénomène que pour les gueuses-mères : c'est-à-dire, que l'extrémité du lingot par où arrive le métal est plus échauffée que l'extrémité opposée, et que si on la brise après le refroidissement sa texture est à grains plus gros et plus graphiteux. La texture des divers lingots varie suivant leurs dimensions, suivant l'époque de la coulée, les circonstances du refroidissement, etc., etc.

Les différences qu'on remarque dans la texture se retrouvent dans la ténacité des lingots provenant d'une même coulée au haut-fourneau. Il y a même des irrégularités très-notables dans la ténacité des divers échantillons provenant d'un *même lingot.*

Il faut donc reconnaître que les essais mécaniques sur la résistance des gueuses ou gueusets de première fusion ne peuvent servir à déterminer la ténacité des mêmes fontes lorsqu'elles seront refondues dans des circonstances favorables.

Cette opinion est corroborée par le fait que la fusion au fourneau à réverbère améliore en général les fontes, et qu'il faut pouvoir tenir compte de cette amélioration dans l'examen d'une fourniture.

Monge indique dans son traité sur la fabrication des bouches à feu, un moyen d'essayer les fontes destinées au coulage des canons. Il consiste à couler avec les fontes présentées un barreau d'une certaine dimension, à sceller ce barreau dans un mur par une extrémité, à suspendre des poids à l'autre bout jusqu'à ce que la rupture s'en suive, et à juger de la bonté du métal par la grandeur du poids sous lequel la rupture a eu lieu.

Mais ce barreau d'épreuve est une fonte de 2de fusion et non de 1re fusion.

Il est fort souvent arrivé que des fontes excellentes pour la fabrication des canons par une refonte au fourneau à réverbère, se sont trouvées en 1re fusion moins résistantes que de mauvaises fontes.

Comparaison des résultats des essais mécaniques sur la résistance des fontes de 2de fusion avec les résultats que fournit l'épreuve du tir d'un canon de 8, coulé avec les mêmes fontes.

Les épreuves sur la résistance à la rupture des fontes de 2de fusion présentent moins d'irrégularités que lorsque les échantillons essayés sont de 1re fusion, mais ces épreuves sont loin d'être exemptes d'anomalies.

C'est une chose digne de remarque en effet, que la texture de la fonte et sa ténacité sont énormément influencées par les circonstances qui ont accompagné la congélation du métal et son refroidissement.

La fonte refroidie subitement a toujours le grain plus fin et est moins tenace. Il en serait de même après le refroidissement, si le métal était prêt à se figer au moment du remplissage du moule.

Les causes d'irrégularité sont d'autant plus influentes que les échantillons coulés sont plus petits. Le seul moyen d'avoir des résultats toujours comparables entre eux et d'atténuer les causes d'irrégularités, consisterait donc à découper des barreaux d'essai dans de grandes masses de fonte, telles qu'en offrent les canons de 8.

Mais ici il se présente une question : dans quelle partie de la masse prendra-t-on l'échantillon? On sait, en effet, que dans une forte masse de fonte, le métal est toujours poreux au centre, tandis qu'il est plus dur à la surface, et que fort souvent les fontes sont blanchies vers l'extérieur. Il faudra donc choisir l'échantillon dans une position intermédiaire. Mais on rencontre une nouvelle difficulté. La masselotte produit sur les parties inférieures de la pièce une pression qui en augmente la densité et la tenacité. Si on veut pouvoir comparer les épreuves sur les échantillons avec celles du tir des canons de 8, il faut absolument que la masse de fonte d'où provient l'échantillon, soit d'une hauteur suffisante, pour que, lors de la coulée, les parties supérieures aient produit l'effet de compression de la masselotte vers le bas où doit être découpé l'échantillon. Au lieu d'une masse cubique ou cylindrique de fonte ayant à peu près autant de base que de hauteur, on est donc forcé de couler un canon ou peu s'en faut: afin que les parties où l'on prendra l'échantillon d'essai aient subi les effets de compression d'une masselotte.

Par ce procédé auquel on est logiquement amené, on est déjà bien près des fortes dépenses que nécessite l'épreuve du tir d'un canon de 8, dépenses qu'on voulait éviter. Mais de nouvelles causes d'anomalies sont à signaler.

1° Les échantillons peuvent avoir leurs dimensions plus ou moins exactes.

2° Les points d'appui des couteaux, des poinçons, etc., avec lesquels fonctionnent les appareils à essais mécaniques, peuvent varier dans les limites nécessitées par le jeu du mécanisme, etc., etc.

3° Les échantillons essayés peuvent avoir certains défauts invisibles à l'œil.

Les expériences sur la résistance des divers échantillons, ont fait découvrir des différences dans la ténacité, non-seulement pour des échantillons pris à des hauteurs inégales d'une même pièce, mais encore pour des échantillons découpés aussi identiquement que possible dans le même tronçon ou rondelle de la pièce. Ces différences, loin d'être négligeables, se sont élevées fort souvent à des fractions importantes du chiffre représentant la ténacité moyenne des échantillons.

La ténacité de la fonte des canons de 8, dépasse en général celle strictement nécessaire pour résister à l'épreuve règlementaire. La résistance de la pièce, dans un même tronçon compris entre deux sections droites, est peu influencée par un défaut ou une texture irrégulière qui n'existerait qu'en une petite partie du tronçon : tandis que la solidité d'un simple échantillon en serait fortement compromise.

Les objections que nous venons de soulever sont sérieuses, et l'on est heureux de posséder, dans l'épreuve à outrance, un moyen certain de ne recevoir que de bonnes fontes, un moyen de comparer les fontes présentées avec celles consommées depuis plus d'un demi-siècle, enfin un moyen d'essayer le métal par la poudre même, ce redoutable agent auquel les pièces doivent résister.

Caractères de la fonte des canons de 8 *long pour épreuves.*

Les fontes des canons de 8 sont généralement truitées d'une manière uniforme : elles présentent des grains moyens et serrés, autant de gris foncé que de gris clair. Leur cassure est arrachée.

Caractères de la fonte des canons de service.

La fonte des bouches à feu, obtenue par le mélange ordinaire de fontes de 1re fusion avec celles de 2de fusion, est ordinairement truitée sur fonds blanc, à gros grains, bien arrachés.

Cet aspect varie suivant le calibre des pièces.

Plus le calibre est fort, plus les grains sont gros ; plus aussi la fonte est tendre à égalité de mélange dans la charge du fourneau à réverbère.

Les caractères peuvent aussi varier d'après la température de la fonte au moment de la coulée, la durée de la fusion, l'épaisseur du moule, etc., etc.

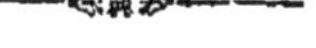

LIVRE II.

MATÉRIAUX DE MOULAGE.

PRÉLIMINAIRES.

ARTICLE I.

DIVISIONS A ÉTABLIR DANS LA FABRICATION DES BOUCHES A FEU.

La fabrication des bouches à feu comprend deux séries d'opérations bien distinctes : les unes relatives au *fondage*, les autres concernant le *forage* et le *façonnage extérieur*. A ces travaux il faut ajouter ceux de réception, les visites et les épreuves à faire subir aux bouches à feu.

Pour arriver à fondre une pièce, il faut en faire le *modèle*, puis le *moule :* il faut disposer le moule pour la coulée : il faut mettre dans un *fourneau* approprié aux métaux que l'on veut fondre, les *quantités de matières nécessaires pour remplir le moule ;* il faut en *opérer la fusion* et enfin *verser* le *métal liquide dans le moule.*

Les autres opérations de la fabrication d'une bouche à feu comprennent le dépouillement de la pièce des matériaux de moulage qui l'enveloppaient, le burinage dans lequel on enlève toutes les petites aspérités ou infiltrations de métal ; *la coupe de la masselotte* ou excédant de métal avec lequel les pièces sont coulées, le *centrage de la pièce*, le *forage* et *l'alésage de l'ame*, ainsi que *la mise de l'ame à la longueur voulue*, *le tournage* en entier ou en partie de la *surface du corps de la pièce*, le *tournage des tourillons*, enfin le *ciselage du métal entre les embases* ou *aux parties qui n'ont pu être modelées au tour*, telles que les anses aux pièces de bronze, les champs de lumière, les masses de mire, etc.

Il faut *mettre un grain de lumière* aux pièces de bronze, il faut *percer la lumière*, *couper l'excédant du bouton de culasse* et le *façonner*. Tous ces travaux sont entremêlés de visites partielles, enfin une visite générale décide de la réception ou du rejet de la bouche à feu.

ARTICLE II.

NOTIONS GÉNÉRALES SUR LE MOULAGE — DIVISION DU MOULAGE.

Le moule est le vide ménagé dans une substance solide, capable de recevoir le métal en fusion, lequel après le refroidissement, doit représenter la bouche à feu.

Le vide du moule doit donc être de même forme que l'objet à couler. Quant aux dimensions du moule, il faut avoir égard au *retrait* que prend le métal après le refroidissement, à la *déformation* que subit le moule par la pression qu'exerce le métal liquide qu'il doit contenir, enfin à l'*excédant* de métal nécessaire pour soumettre la pièce aux opérations du tournage et du ciselage.

Le moule doit se faire sur un modèle.

L'expérience a indiqué que, pour les pièces de fonte ou de bronze, le retrait du métal varie entre $^1/_{144}$ et $^1/_{192}$, et qu'en conséquence il faut augmenter les dimensions du modèle dans la même proportion.

Les pièces sont coulées verticalement, la volée en haut, avec un excédant de métal vers le haut, la *masselotte*. La masselotte a pour but de *ralentir le refroidissement* de la pièce vers le bourrelet, de *fournir le métal* nécessaire pour remplir le vide occasionné par la déformation du moule ou par les infiltrations dans la matière du moule, enfin d'*exercer une forte pression* sur le corps de la pièce au moment de la congélation, de manière à en *augmenter la densité*.

La solidification de la bouche à feu commence toujours par la surface, et continue progressivement jusque vers le centre. A mesure que cette solidification a lieu, le *métal prend en même temps du retrait;* et comme il y a un moment où l'intérieur est encore à l'état liquide ou pâteux lorsque l'extérieur est déjà solide, il en résulte qu'à cette époque du refroidissement, le retrait se manifeste principalement au centre de la pièce où il produirait des tiraillements, des fissures et des solutions de continuité si la masselotte n'était pas là pour y remédier. La masselotte fournit du métal liquide qui s'insinue dans les fissures : elle comprime l'intérieur tant qu'il est à l'état pâteux, refoule la matière et produit une augmentation dans la densité de la pièce. Malgré son effet utile, la masselotte ne peut que remédier imparfaitement aux inconvénients que nous venons d'indiquer, et le métal des pièces de fonte ou de bronze est toujours poreux dans le voisinage de l'axe. Cela tient à l'étranglement de la pièce au collet de la volée ; cette partie ayant moins de masse se refroidit et se fige plus vite. Il faut aussi considérer que quoi qu'on fasse, on ne saurait empêcher le refroidissement de se faire par la urf ace.

La bouche à feu doit être coulée avec un excédant au bouton de culasse, nommé *faux bouton* et *carré du faux bouton.* Cet excédant a pour but de donner prise sur la pièce, afin qu'elle puisse participer au mouvement de rotation de la roue motrice lors du forage.

On emploie trois sortes de moulage pour les bouches à feu :

1° Le moulage en sable, qui s'exécute sur un modèle en fonte ou en bronze.

2° Le moulage mixte dans lequel le modèle est en terre, tandis que le moule est en sable.

3° Le moulage en terre, dans lequel le modèle et le moule sont en terre.

Dans le moulage en sable, le modèle est en métal ainsi que le châssis, enveloppe extérieure du moule. Le modèle et le châssis ont une grande durée; une partie des opérations du moulage est abrégée; et l'opération du moulage, qui consiste à fouler du sable entre le modèle et le châssis, est facilitée par la résistance de ces deux objets. Il en résulte que le moulage en sable est plus expéditif et moins coûteux que celui en terre. Ces avantages ne sont pas les seuls, car le sable étant moins compressible que la terre, on conçoit que les pièces moulées en sable dépouillent beaucoup mieux que les autres. Cette supériorité du moulage en sable est balancée par les premiers frais qui sont plus considérables, à cause des modèles et des châssis qui coûtent cher et demandent d'ailleurs beaucoup de temps pour leur confection. Ce n'est que sur une fabrication assez importante qu'on parvient à regagner ces premiers frais par des économies répétées à chaque moulage.

Dans une fonderie, on possède un matériel plus ou moins considérable : on a des châssis qui permettent d'y mouler des pièces dont les tracés sont peu différents parce que l'épaisseur du sable peut varier dans certaines limites. D'un autre côté, dans le moulage en terre, la confection du modèle est peu coûteuse, les modèles se font rapidement, deux ouvriers peuvant en faire plusieurs à la fois; on a donc imaginé le *moulage mixte*, dans lequel on fait un moule en sable sur un modèle en terre. Ce genre de moulage est employé à la fonderie de Liége, lorsqu'il s'agit d'une pièce d'un nouveau tracé, et que la commande n'est pas assez forte pour qu'il y ait lieu de fabriquer un modèle en métal et des châssis appropriés à ce modèle.

A la fonderie de Liége, *le moulage en sable est de règle*, même pour une seule bouche à feu nouvelle, puisque alors le moule en sable se fait sur un modèle en terre.

Toutes les pièces de bronze se moulaient autrefois en terre, mais nous avons déjà dit, que depuis 1836, le moulage en sable pour les pièces de ce métal avait été introduit à la fonderie de Liége: il en résulte que deux circonstances seules pourraient donner lieu au moulage en terre dans cet établissement.

1° Si, n'ayant qu'à couler un petit nombre de pièces d'un nouveau modèle, on ne pouvait trouver un châssis qui convînt. Il faudrait, dans ce cas, que la pièce eût des dimensions tout-à-fait disproportionnées; car ordinairement on approprie un châssis en coulant une ou deux parties supplémentaires, ce qui n'occasionne pas une grande dépense.

2° Si l'on avait à couler une pièce de bronze d'un très-grand calibre. La fonderie de Liége n'ayant encore fabriqué que des bouches à feu de campagne en bronze, il reste à vérifier si le système actuel de moulage conviendrait aux gros calibres. Dans notre opinion, il n'y a aucune raison pour ne pas réussir aussi bien avec le moulage en sable, qu'avec celui en terre.

Le bronze devient beaucoup plus fluide par la fusion que la fonte. Il doit donc y avoir des différences dans la préparation des matériaux de moulage et dans les procédés de moulage eux-mêmes. Nous aurons soin de les signaler.

CHAPITRE PREMIER.

MATÉRIAUX POUR LE MOULAGE EN SABLE DES PIÈCES DE FONTE.

ARTICLE I.

CHOIX ET QUALITÉS DU SABLE POUR LE MOULAGE EN SABLE DES PIÈCES EN FONTE.

Le sable employé au moulage des pièces en fonte doit être anguleux, à gros grains, très-argileux, suffisamment réfractaire.

Nous allons faire un examen de ces diverses conditions.

Le sable doit être anguleux et à gros grains afin d'augmenter la résistance du moule par la rugosité de ses particules comme aussi par leur grosseur. Un sable fin et à grains arrondis se désagrègerait, soit lors de l'enlèvement du modèle, soit lors de la coulée.

La grosseur des grains contribue à rendre le moule moins compact et à faciliter l'évaporation complète de l'humidité, en lui livrant passage lors de la dessiccation dans l'étuve. La porosité, qui résulte de la grosseur des grains, n'est pas moins nécessaire pour permettre la sortie des gaz qui se forment dans la matière du moule sous l'influence de l'énorme température du métal en fusion.

Le sable doit être argileux, afin d'avoir du *liant*. Car l'argile a la propriété de se durcir par la dessiccation, de conserver les formes qu'on lui a données à cause de sa plasticité, et de posséder la consistance nécessaire pour résister au choc du métal liquide, tombant dans le moule. Cependant, l'argile se contractant par la chaleur et le sable ne le fesant pas, on comprend qu'elle ne puisse dépasser certaines proportions dans le sable destiné au moulage. On reconnaît que le sable est trop argileux si le moule se fendille par la dessiccation.

Le sable doit être suffisamment réfractaire afin de ne pas entrer en fusion ni même de se ramollir lors de la coulée. Le sable pur ou la silice est éminemment réfractaire, mais il perd ces qualités quand il contient des sels calcaires et des oxides métalliques en proportions sensibles. Les sels calcaires se décomposent à une température beaucoup plus basse que celle de la fonte en fusion, et donnent lieu à un dégagement de gaz carbonique qui pourrait occasionner des soufflures ou des dégradations dans le moule. D'ailleurs ces sels formeraient des laitiers en se combinant, sous l'influence de la température du métal liquide, avec la silice et l'alumine que contient le sable. La surface du moule se vitrifierait : une partie de la fonte pourrait même entrer dans cette combinaison : la pièce ne dépouillerait plus et ses dimensions subiraient des altérations sensibles.

L'oxide de fer, que le sable contiendrait, se liquéfierait au contact du métal en fusion et reproduirait tous les inconvénients qui résultent de la vitrification de la surface du moule.

Le sable de moulage dont on se sert à la fonderie de Liége, a une couleur jaune-rougeâtre. Les opérations qu'on lui fait subir, ont pour but de le débarrasser des corps étrangers, de le rendre suffisamment liant et homogène et de diminuer sa faculté conductrice de la chaleur en le mélangeant avec du charbon de bois ou du coke pulvérisés.

ARTICLE II.

PRÉPARATION DU SABLE POUR LE MOULAGE DES PIÈCES DE FONTE.

Transport du sable à la fonderie.

Le sable employé à la fabrication des bouches à feu, est extrait d'une sablière à Rocour, à une lieue de Liége. Il forme une couche de 0,50 à $1^m,30$ d'épaisseur, en-dessous de la terre végétale.

Le propriétaire de la fosse livre le sable chargé sur le tombereau, à un prix convenu et le transport jusqu'à la fonderie se fait par entreprise.

A mesure que le sable arrive dans l'établissement, on l'amoncelle dans un lieu convenable à ciel ouvert. L'approvisionnement varie entre 300 et 600 stères. Il est bon d'en avoir une grande quantité disponible, car l'hiver et dans les mauvais temps le charriage est difficile.

Pour préparer le sable on le charge sur des brouettes et on le transporte à l'étuve. On a soin d'enlever les petits cailloux de silex à mesure qu'on les rencontre, soit en chargeant les brouettes, soit en les déchargeant.

Description de l'étuve à sécher le sable.

L'étuve est une chambre rectangulaire voutée, fig. 1. 2. 3 et 4 planche 1.

E, F. (fig. 1. 3 et 4) foyers communiquant de l'intérieur avec l'extérieur. Ils sont placés du côté opposé à la cheminée de tirage et d'évaporation.

GH (fig. 1) Section droite de la cheminée.

LM (fig. 1 et 2) Tirans en fer servant à consolider la voûte.

PQ (fig. 1, 2 et 4) Etagères en fonte placées sur les deux côtés de l'étuve, destinées à augmenter les surfaces de chauffe.

RS (fig. 2) Porte en fer à deux vantaux.

TU (fig. 1 et 2) Chariot de fonte qui, ne devant servir que pour porter les moules des canons, est retiré de l'étuve quand on dessèche le sable.

XY (fig. 1) Chemin de fer pour guider le chariot TU. Ce chemin devient inutile si l'étuve est uniquement réservée à la dessiccation du sable.

Le sol de l'étuve est tapissé de dalles en fonte.

Séchage du sable.

Le sable est déposé sur le sol et sur les étagères de l'étuve, en couches de $0^{m},08$ à 0,10 d'épaisseur. On fait un feu assez ardent, allumé et entretenu par l'extérieur. Une nuit, ou 8 heures de séchage suffisent si la couche de sable est mince ; mais quand la couche est épaisse, on remue le sable au bout de 8 heures de feu pour ramener vers le haut les parties inférieures et renouveler les surfaces d'évaporation. Profitant de la chaleur acquise, on fait des feux moins ardents et on laisse le séchage durer une 2de nuit.

Le séchage a pour but de faciliter la division de la matière, de détruire les parties organiques qu'elle pourait contenir, d'augmenter sa faculté absorbante de l'eau en vue du corroyage ultérieur, et enfin de rendre l'argile contenue dans le sable moins susceptible de retrait.

Pilage du sable.

Au sortir de l'étuve, le sable est transporté dans un hangar et étendu en couches de $0^{m},02$ à $0^{m},05$ d'épaisseur sur un parquet en dalles de pierres bleues ou de fonte. Le hangar est fermé par des cloisons percées à jour afin de permettre l'arrivée de l'air extérieur nécessaire aux manœuvres chargés du pilage et travaillant dans une atmosphère de poussière.

Le pilage se fait avec des pilons en fonte du poids de $5^{kil.},5$ et emmanchés, fig. 5 planche I. On rejette les cailloux à mesure qu'on les découvre. Quand le sable a été broyé une première fois, on sillonne la couche avec un râteau de fer dont les dents sont distantes de 0,02 à 0,03, afin de ramener à la surface les gros morceaux, qui gagnent ordinairement le dessous et qui échappent ainsi au pilon.

On procède à un 2[d] pilage, puis on relève le sable en tas avec un râble de bois.

Le broyage d'un stère de sable est le travail ordinaire et journalier de 6 manœuvres.

Tamisage du sable.

Le tamisage du sable se fait de deux manières : à l'aide d'un chariot à tamis auquel on imprime un mouvement de va et vient ou à l'aide d'un blutoir.

Tamisage du sable par le chariot à tamis. (fig. 1. 2. 3. 4 et 5 planche II.)

Le chariot à tamis se compose d'un cadre rectangulaire en bois AA ; fig. 1. 2 et 3, porté sur 4 roulettes EF, fig. 1. 2. 4 et 5. Le fond du cadre est rempli par un tamis en fils métalliques distants de $0^m,0015$.

Les longs côtés du cadre porteurs des roulettes ont inférieurement la courbure BCD (fig. I), du châssis sur lequel se fait le mouvement du chariot.

MM (fig. 1. 2 et 3). Châssis surmonté d'un chemin de fer avec rebords extérieurs. Le mouvement du chariot a lieu sur le chemin de fer et sa direction est assurée par les rebords.

La courbure BCD (fig. 1) est destinée à procurer au chariot un mouvement ascensionnel et de descente pendant qu'on lui imprime un mouvement de va et vient. Il en résulte de petites secousses qui facilitent le passage du sable au travers du tamis.

FG (fig. 1 et 2) chevalet sur lequel le châssis est assemblé.

On procède au tamisage du sable pilé de la manière suivante.

On dépose sur le chariot à tamis une certaine quantité de sable. Un ou deux hommes saisissent les poignées HH, (fig. 3) du chariot et lui impriment un mouvement rapide de va et vient, en changeant brusquement le sens du mouvement à la fin de chaque course. Le sable fin tombe au travers du tamis; tandis que les parties trop grosses et les corps étrangers sont retenus et rejetés ensuite.

Ce procédé est simple et rapide. Mais les ouvriers chargés de la manœuvre du chariot sont très-incommodés par la grande quantité de poussière produite dans ce travail.

Tamisage à l'aide d'un blutoir. (fig. 6. 7 et 8, planche II.)

Le blutoir pour tamiser le sable est simplement celui des boulangers dont l'enveloppe du tambour est en fils métalliques distants de 0m,0015.

AB (fig. 6 et 7). Axe du tambour incliné de A vers B (inclinaison de $^1/_{20}$ à $_1/_{25}$.)

FG (fig. 6. 7 et 8). Tambour en fils métalliques distants de 0,0015. Le tambour est consolidé par une carcasse formée de 4 tringles en bois parallèles à l'axe, et maintenues par un nombre suffisant de rayons.

DC (fig. 6. 7 et 8). Trémie servant à l'introduction du sable dans le tambour.

MN (fig. 6). Déversoir pour l'expulsion des parties grossières du sable ainsi que des corps étrangers.

E (fig. 6). Manivelle servant à faire tourner le tambour.

HIKL (fig. 6 et 8). Caisse en bois enveloppant le tambour : percée de deux ouvertures correspondantes à la trémie DC et au déversoir MN. Une porte pratiquée sur l'un des côtés de la caisse établit la communication avec l'intérieur et permet d'enlever le sable tamisé.

Pour tamiser le sable pilé, un ouvrier agissant sur la manivelle fait tourner le tambour : un autre jette le sable avec la pelle dans la trémie. Le sable entraîné par son propre poids et par la force centrifuge due à la rotation du tambour passe au travers du tissu métallique et se dépose dans le fond de la caisse, tandis que les parties grossières sont rejetées au-dehors par le déversoir.

Le sable, qu'il soit tamisé par le chariot à tamis ou par le blutoir, est amoncelé en un tas sous le hangar et réservé pour les opérations ultérieures que nous allons décrire.

Le blutoir peut servir au mélange du sable et du coke pulvérisé. On verse dans la trémie ces matières sèches dans la proportion voulue et elles traversent la toile du tambour mélangées et tamisées.

Mélange de sable desséché, pulvérisé et tamisé avec le coke pulvérisé et tamisé.

Un moyen de ralentir le refroidissement des pièces de fonte après la coulée, est d'interposer entre les grains du sable dont les moules sont composés, un corps peu conducteur du calorique.

Ce corps est le charbon. On emploie, comme charbon, le coke, substance qui se produit naturellement dans une fonderie, qu'il faut utiliser et qui est assez facile à broyer. Le coke ajouté au sable du moule, a en outre la propriété de faciliter le dépouillement de la pièce, parce qu'il est sans action chimique sur la fonte en fusion. Mais le charbon diminue le liant et l'adhérence du sable; on ne peut le mélanger que dans la proportion indiquée par l'expérience. Les moules des grosses bouches à feu sont plus exposés que les autres à être dégradés par la chute d'une plus grande quantité de métal en fusion, par les tiraillements produits par la quantité de chaleur contenue dans ce métal et par une plus grande et plus rapide émission de gaz provoquée par cette chaleur. Il est donc important de diminuer la quantité de coke dans le sable destiné au moulage des grosses pièces.

Ordinairement on mélange une partie de coke sur 9 parties de sable. Cette proportion de coke varie suivant les calibres; elle est de $^1/_6$ pour les petites pièces et de $^1/_{12}$ pour les plus gros canons.

Pour procéder au mélange on répand le sable sur le parquet de la sablerie par séries de 9 pelletées de sable (plus ou moins selon le calibre des pièces qu'il s'agit de mouler), en ajoutant une pelletée de coke à chacune de ces séries. On continue à superposer ces matières dans le même ordre et dans la proportion adoptée jusqu'à ce qu'on en ait la quantité voulue.

L'ouvrier remue le sable mélangé de coke avec la pelle, et le déplace plusieurs fois, afin de répartir le charbon aussi uniformément que possible.

Il forme ensuite une première couche de ce sable de 0,08 à 0,10 d'épaisseur qu'il sillonne avec la pelle et sur laquelle il verse un peu d'eau avec un arrosoir. Sur cette 1re couche il en étend une seconde semblable à la 1re, sillonnée et arrosée de même, puis vient le tour d'une 3me couche, d'une 4me, et ainsi de suite jusqu'à ce que tout le sable soit amoncelé.

Il arrive quelquefois que le sable est trop maigre ou pas assez argileux, ce qui lui ôte du liant; pour y remédier on délaie un peu de terre de pipe dans l'eau avec laquelle on arrose.

1re période de repos du sable après son mélange avec le coke.

Le sable mélangé avec le coke, doit rester amoncelé au moins pendant 48 heures. Les petits grumeaux d'argile absorbant l'humidité pendant ce temps, se gonflent et se divisent en particules plus petites.

Déplacement et nouveau corroyage du sable.

Après 48 heures, on déplace le monceau de sable, en le découpant à la pelle par tranchées verticales, mélangeant de nouveau les diverses parties qui le composent et disposant ce sable mélangé en séries de couches horizontales superposées comme les premières.

Arrivé à ce point, on laisse le sable amoncelé jusqu'au moment de s'en servir : mais on ne peut l'employer avant que 15 jours au moins se soient écoulés. Ce laps de temps est nécessaire pour que l'humidité pénètre bien dans toute la masse de sable et qu'elle amollisse l'argile qu'il contient, ce qui en favorise la division.

Les diverses manipulations que nous venons de décrire, rendent la matière plus liante et plus homogène.

Le sable préparé doit être conservé à l'abri de la pluie et garanti du soleil autant que possible. Il arrive quelquefois, par suite des fortes chaleurs de l'été, que le sable devient trop sec vers la surface du tas. Dans ce cas, on fait subir à la couche extérieure du sable un nouveau corroyage semblable au précédent, en arrosant convenablement chaque couche.

Dernières manipulations du sable avant son emploi pour le moulage.

Lorsque le moment du moulage est arrivé, il faut encore procéder à quelques opérations.

On prend du magasin au sable la quantité nécessaire pour le moulage de la journée, en découpant le tas à la pelle par tranchées verticales. On mélange ce sable enlevé au tas en le remuant à la pelle et le déplaçant plusieurs fois. Il ne reste plus qu'à passer le sable au laminoir, pour qu'il soit propre au moulage.

Le laminoir au sable est représenté par les (figures 1, 2 et 3; planche III).

LM, NO, fig. 2, sont deux cylindres en fonte, distants de 0,0025 à 0,003, placés parallèlement l'un à l'autre, leurs axes dans un même plan horizontal. Dans le travail, on communique à ces cylindres un mouvement de rotation en sens contraire, les points de leurs surfaces supérieures se rapprochant.

AB, fig. 1 et 3 : trémie en tôle placée au-dessus des laminoirs, dans laquelle on verse le sable qu'il s'agit de tamiser.

CD, fig. 2 et 3, axe horizontal pourvu d'une manivelle I, fig. 1 et 3, et d'un pignon denté KK.

Les diverses figures indiquent suffisamment la combinaison des engrenages par lesquels en agissant sur la manivelle I, on procure aux cylindres du laminoir un mouvement de rotation en sens contraire.

EF, fig. 3, axe horizontal traversant la trémie, muni extérieurement d'une roue dentée et intérieurement d'un certain nombre de bras ou rayons GH, G'H'.

PQRS, fig. 1 et 3, caisse en bois, ouverte aux deux bouts, dans laquelle tombe le sable à mesure qu'il traverse le laminoir.

Quand l'ouvrier a déposé dans la trémie une certaine quantité de sable, il agit sur la manivelle pour faire tourner les cylindres de manière que les points des surfaces supérieures se rapprochent. Pendant ce mouvement, les bras GH et ceux G'H', qui sont perpendiculaires aux premiers, traversent constamment la masse de sable en brisant les grumeaux, et empêchent le sable de former voûte au-dessus du laminoir.

Le sable tamisé est recueilli dans la caisse PQRS fig. 1 et 3.

On reconnaît que le sable a le degré voulu de finesse, d'homogénéité, de liant et d'humidité, lorsque, comprimé dans la main, il s'y moule, conserve sa forme après que la compression a cessé et que les grains de sable n'adhèrent pas à la peau.

Opérations par lesquelles on remplaçait autrefois le tamisage du sable au laminoir.

Avant que la fonderie de Liége possédât le laminoir dont nous venons de parler, le tamisage était remplacé par les opérations suivantes :

On tamisait le sable sur le chariot à tamis, planche II ; mais les fils du tamis étaient distants de 0,003.

Le sable tamisé était ensuite écrasé sur une table à l'aide d'un rouleau de bois, semblable à celui qui sert à préparer la pâtisserie.

Cette opération était fort lente, parce qu'on ne pouvait écraser que peu de sable à la fois.

Récapitulation des opérations nécessitées par la préparation du sable.

Extraction du sable de la sablière de Rocour et transport à la fonderie. Formation d'un approvisionnement de sable.

Transport du sable à l'étuve : extraction des petites pierres et corps étrangers qu'il pourrait contenir.

Séchage du sable dans l'étuve : durée du séchage une nuit de 8 heures ou deux nuits, selon l'épaisseur de la couche.

Pilage du sable.

Tamisage du sable, soit à l'aide du chariot à tamis, soit par le moyen du blutoir.

Mélange du sable avec le coke pulvérisé et tamisé.

Dépôt du sable mélangé en un monceau formé de couches, sillonnées avec la pelle et arrosées.

Repos du sable amoncelé pendant au moins 48 heures.

Déplacement du monceau de sable : on le découpe à la pelle par tranchées verticales et on amoncelle de nouveau par couches horizontales.

Repos du sable amoncelé (pendant au moins 15 jours) jusqu'au moment de s'en servir.

Enlèvement de la quantité de sable nécessaire au moulage de la journée : on découpe le tas à la pelle par tranchées verticales. Mélange à la pelle de cette quantité de sable.

Tamisage du sable au laminoir.

ARTICLE III.

BROYAGE ET TAMISAGE DU COKE.

Le broyage du coke se fait sous l'action des meules.

Description du moulin (fig. 1 et 2, planche IV).

AB, arbre vertical portant les essieux des meules et la grande roue dentée.

CD, C'D', meules en fonte, du poids de 800 à 900 kilogrammes, de forme tronconique; inégalement distantes de l'arbre, afin de parcourir des zônes différentes sur la plate-forme.[1]

LM, plate-forme circulaire en fonte, reposant sur une fondation en maçonnerie. Un rebord entoure la plate-forme et retient les matières qu'on y broie. Une porte à coulisse sert à l'enlèvement des matières quand elles sont suffisamment broyées.

IK, montant fixé à une certaine distance de l'arbre, pourvu d'une charrue qui ramène les matières sur le chemin des meules. Il y a deux de ces charrues, placées l'une vers le grand cercle extérieur de la plate-forme, l'autre vers le cercle intérieur.

EF, grande roue dentée montée sur l'arbre du moulin.

GH, lanterne, mise en mouvement par une machine, et engrenant avec la roue dentée EF.

Espèce de coke pulvérisé.

On utilise les escarbilles ou petits charbons carbonisés qui tombent sous les grilles des fourneaux à réverbère.

Ces charbons sont trop menus pour pouvoir être employés au cubilot, mais ils sont excellents pour être broyés.

Conduite du travail.

Le moulin est mis en mouvement. L'ouvrier chargé du travail, dépose sur le chemin des meules une couche d'escarbilles; il ramène sur ce chemin les charbons rejetés en dehors; il veille à ce que la couche reste aussi régulière que possible: enfin, il prolonge le travail jusqu'à ce que le charbon ou la majeure partie du charbon ait le degré de finesse voulu. Il procède alors au tamisage du coke.

Tamisage du coke.

Il y a deux degrés de finesse pour le coke pulvérisé selon l'usage auquel on le destine. Quand le coke doit entrer dans la préparation du sable, il convient qu'il ait une certaine grosseur afin que le moule soit plus consistant.

Le coke pour le sable à canon est passé au travers d'un tamis en toile métallique dont les fils sont distants de 0,0015.

Mais lorsque le coke doit entrer dans la préparation de l'enduit noir, il ne saurait avoir trop de finesse: plus il sera fin, plus il sera facilement absorbé par le moule lors de l'application de l'enduit. Pour avoir du charbon en particules suffisamment tenues, on le crible dans un tamis à tambour, semblable à celui employé par les artificiers pour obtenir du pulvérin.

ARTICLE IV.

JUS DE CROTTIN.

Objet du jus de crottin.

Le jus de crottin est un enduit qu'on applique sur la surface intérieure du moule, afin d'augmenter la liaison des particules du sable qui le compose.

L'enduit donne du liant au sable et l'empêche de se désagréger, soit dans le maniement du moule, soit lors du séchage, soit lors de la coulée sous le choc du métal en fusion.

Le jus de crottin est exprimé du crottin de cheval à l'aide d'un pressoir.

Description de la presse pour faire le jus de crottin (fig. 3, planche IV).

AB, A'B', montants verticaux du pressoir.

CD, vis verticale, se mouvant dans un écrou fixé à la traverse horizontale supérieure IK.

EF, tonneau en bois percé de petits trous pour le passage du jus exprimé du crottin par l'action du pressoir.

GH, bras de levier pour faire tourner la vis.

LM, plateau circulaire en bois, pouvant entrer dans le tonneau EF et servant d'intermédiaire entre la tête de la vis CD et le crottin qu'il s'agit de comprimer.

Composition du jus de crottin; sa fabrication.

Pour faire le jus de crottin, on mélange 16 parties de crottin de cheval avec une partie d'eau de pluie: on laisse le crottin s'imbiber pendant environ 12 heures, afin que l'absorption de l'eau soit aussi complète que possible. On porte ensuite ce mélange dans la cuve EF, et on le soumet à l'action du pressoir. Le jus qui est exprimé du crottin sort par les petits trous percés dans le tonneau EF et est reçu dans un bac placé en dessous : on en recueille une quantité à peu près égale à celle de l'eau absorbée.

ARTICLE V.

ENDUIT NOIR.

But de l'enduit.

Lorsque le moule est terminé, il est non-seulement important d'augmenter la cohésion des grains de sable vers la paroi intérieure par l'effet du jus de crottin, mais il faut en outre en faciliter le dépouillement en bouchant par un corps léger les pores ou petites cavités qu'il présente à sa surface. On parvient à ce résultat, en appliquant sur la surface intérieure un enduit formé de jus de crottin et de coke pulvérisé.

Le jus absorbé par le moule, entraîne les parties de charbon qui sont fort tenues, et qui, venant se loger dans les petits vides entre les grains de sable, les remplissent, rendent la surface du moule plus serrée et plus lisse, et s'opposent aux petites infiltrations de la fonte liquide.

La couche de charbon ainsi appliquée sur la surface du moule, est assez mince pour que les dimensions ne puissent en être altérées d'une manière sensible.

Préparation de l'enduit.

L'enduit noir est formé d'un mélange intime de 6 parties de jus de crottin.

1 partie de coke ou de charbon de bois pulvérisé et passé au tamis de soie.

Lorsqu'on veut encore augmenter la consistance du moule (quand il s'agit de gros calibres, par exemple) on dissout dans le noir un peu de terre de pipe. Avant de mêler la terre de pipe, il faut la délayer le mieux possible dans un peu de jus de crottin.

CHAPITRE II.

MATÉRIAUX POUR LE MOULAGE EN TERRE DES PIÈCES DE FONTE.

ARTICLE I.

CONSIDÉRATIONS GÉNÉRALES SUR LE MOULAGE EN TERRE = PROPRIÉTÉS DE L'ARGILE.

Différence essentielle entre le moulage en terre et celui en sable.

Dans le moulage en sable, le modèle et le châssis forment deux enveloppes excessivement solides qui permettent de donner au sable du moule la cohésion qui lui manquait, en le tassant fortement. Dans le moulage en terre, le moule n'est plus consolidé par le châssis, enveloppe extérieure : il s'ensuit qu'il doit être formé de couches successives d'une substance humide, capables de s'appliquer exactement sur le modèle; que ces couches doivent pouvoir adhérer entr'elles et conserver l'empreinte du modèle, en acquérant de la dureté et de la consistance en même temps qu'elles perdent leur humidité sous l'influence de la chaleur.

Le moulage en terre tire son nom de l'argile (vulgairement appelée terre-glaise) qui entre pour la plus grande partie dans la matière du moule et de ce que l'argile est l'élément principal des terres ou sols qui recouvrent la surface du globe.

Propriétés de la matière à mouler.

La matière à mouler doit jouir des propriétés suivantes :

1° Elle doit être *réfractaire* : c'est-à-dire infusible et indécomposable à la température du métal en fusion.

2° Elle doit être *plastique* : c'est-à-dire qu'elle doit se laisser travailler et façonner de telle sorte qu'on puisse donner au moule la forme voulue.

3° La matière du moule doit pouvoir acquérir la consistance nécessaire pour ne pas se déformer et pour résister au choc du métal en fusion quand il arrive dans le moule. A cet effet, la matière à mouler doit être liante et elle doit pouvoir se durcir tout en conservant du liant et en gardant intacte la forme qu'on lui a donnée.

L'argile est la substance qui, convenablement préparée, jouit des propriétés de la matière à mouler.

Propriétés de l'argile.

L'argile pure est un silicate d'alumine : chacun de ses composants est infusible et indécomposable aux feux de nos forges.

La silice est blanche, rude au toucher, insipide, inodore : elle a une très-faible affinité pour l'eau.

L'alumine est blanche, onctueuse, happante à la langue : elle peut condenser une quantité considérable d'humidité, 15 % de son poids.

L'argile pure est un composé à proportion variable de silice et d'alumine : elle renferme

de 18 à 59 p. °/₀ d'alumine
46 à 67 p. °/₀ de silice
6 à 19 p. °/₀ d'eau.

Dans son état de pureté l'argile est infusible et indécomposable aux plus hautes températures que nous pouvons produire dans les usines.

Mais elle contient ordinairement des matières étrangères, telles que des débris de rocher feld-spathiques, du quartz, des pyrites, du carbonate de chaux, de la potasse, des traces de substances organiques, de la silice libre, des oxides métalliques, etc. Une partie de ces substances, principalement les sels calcaires, la potasse, les oxides métalliques rendent l'argile fusible.

L'argile pure est éminemment plastique : elle se délaie dans l'eau et forme pâte avec elle. Lorsque la pâte est suffisamment épaisse elle est très-liante. L'argile se durcit par la dessication : la chaleur lui fait perdre de plus en plus l'humidité qu'elle contient et lui fait gagner une dureté de plus en plus grande. L'argile calcinée fait feu sous le briquet : elle prend un retrait qui devient considérable à mesure que la température augmente : elle résiste à une température de 129° du pyromètre de Wedgwood.

Tant que le degré de chaleur communiqué à l'argile n'est pas très-grand, elle continue de jouir de la propriété de se délayer dans l'eau et de faire pâte avec elle : mais elle perd entièrement cette faculté lorsqu'elle a été échauffée à un haut degré de température.

D'après ce qui précède, on voit que, sauf quelques inconvénients, l'argile possède les qualités désirables de la matière à mouler. Les préparations qu'on lui fait subir ont pour but de remédier au retrait, d'augmenter le liant et de faire évaporer l'humidité.

Il y a de plus certaines précautions à prendre pour procurer aux moules la résistance nécessaire. Nous indiquerons en leur lieu les diverses manipulations à faire subir à l'argile.

Choix de l'argile.

L'argile doit être réfractaire, pour cela elle ne doit contenir que peu d'oxides métalliques, et point de sels calcaires ou de pyrites. L'argile employée à la fonderie de Liége contient une certaine quantité de sable, ce qui en diminue le retrait et dispense d'en ajouter. Lorsque l'argile est presque pure, telle que la terre de pipe, il est important de la mélanger avec du sable à grains fins et arrondis ; le gros sable aurait l'inconvénient de rendre la matière trop poreuse.

Préparation de l'argile.

Après son extraction de la terre, l'argile est simplement déposée sous un hangar où elle reste un temps plus ou moins long et se dessèche. Plus l'argile est vieille, moins elle contient d'humidité et plus cette humidité est répartie uniformément dans toute la masse. On prend la précaution lorsqu'on l'amène de la débarrasser des pierres et des corps étrangers qu'elle pourrait contenir.

ARTICLE II.

TERRE FORTE OU GROSSE TERRE POUR LE MOULAGE EN TERRE DES PIÈCES DE FONTE.

Objet de la terre forte ou grosse terre.

Ainsi que nous l'avons déjà fait remarquer, l'argile se contracte en se desséchant : il est donc important qu'elle soit mélangée avec une substance qui en diminue le retrait sans la rendre moins réfractaire, et qui ne lui fasse perdre que peu de cohésion. Cette substance est le crottin de cheval. Le crottin de cheval favorise aussi la dessiccation du moule en rendant la matière plus poreuse. On conçoit cependant que la proportion de cette substance puisse varier suivant la destination de la terre à mouler.

Les couches éloignées de la surface du modèle et de l'intérieur du moule, peuvent sans inconvénient prendre plus de retrait que les autres ; elles pourront contenir moins de crottin.

La *grosse terre* est employée dans la confection du modèle et du moule : elle sert à recouvrir les nattes de foin dont le trousseau du modèle est enveloppé ; elle compose les couches extérieures du moule. La terre forte n'est employée qu'à une certaine distance de l'intérieur du moule et de la surface du modèle : de toutes les terres à mouler, elle contient le moins de crottin ; elle se gerce le plus fortement par la dessiccation, mais aussi elle acquiert en même temps le plus de dureté et de consistance.

La grosse terre adhère fortement aux nattes de foin, elle les relie aux dernières couches du modèle et les empêche de se détacher les unes des autres, soit dans le séchage, soit dans le maniement du modèle.

La terre forte durcit le moule à l'extérieur, elle rend la chape plus résistante et moins compressible.

Composition de la terre forte.

L'expérience a indiqué la proportion suivante :

2 Volumes d'argile.

1 Volume de crottin de cheval.

Lorsque l'argile est trop plastique, ce qui a lieu lorsqu'elle est presque pure, on y ajoute un peu de sable. Mais comme le sable diminue la cohésion de la matière, il ne faut l'introduire qu'avec prudence.

Corroyage préparatoire de l'argile.

Le mouleur prépare sa terre sur un plancher, la *battière*, élevé de 0,30 à 0,60 au-dessus du sol, adossé au mur et incliné vers lui, pour retenir les eaux servant au travail.

La battière est garnie de rebords excepté sur le côté opposé au mur. Un cordage, attaché au plafond ou à la charpente du toit de l'atelier, s'arrête à mi-hauteur d'homme au milieu de ce plancher : il est destiné à soutenir le pétrisseur et à l'empêcher de glisser lorsqu'il broie la matière sous ses pieds.

Indépendamment de pelles, brouettes, pioches, arrosoir, etc., qui n'ont pas besoin de description, le préparateur de la terre à mouler se sert d'un instrument particulier que nous nommerons le découpoir, fig. 4 planche 4. Le découpoir pesant environ 5 kilogrammes est formé d'une sorte de lame en fer large de 0,08, épaisse sur le dos, recourbée vers la pointe, d'une longueur de 0,70, fesant corps avec un manche de même métal et à peu près de même longueur. Ce découpoir qui se manie à deux mains, est l'instrument essentiel pour la préparation des terres.

L ouvrier va chercher une certaine quantité d'argile sous le hangar où elle est déposée. Il en fait tomber des morceaux du tas avec la pioche, il en écrase les mottes et les grumeaux, de manière à réduire l'argile en menus morceaux. Il la transporte ensuite sur la battière, où il en forme une couche de 0,10 à 0,12 d'épaisseur. Il trace des sillons dans cette couche avec la pelle, et se sert ensuite de l'arrosoir pour humecter légèrement sa terre avec de l'eau de pluie (chauffée en hiver).

Il est très-important de ne verser que fort peu d'eau à la fois : si l'on arrosait trop fortement, il serait impossible de pétrir convenablement ; les parties trop dures seraient glissantes sous les pieds et échapperaient au travail du pétrisseur absolument comme si elles étaient enduites de savon.

On laisse l'argile absorber l'humidité pendant une heure au moins, quelquefois pendant 2 ou 3 heures ; en général plus ce temps se prolonge, mieux la matière est préparée pour le travail ultérieur.

Au bout de ce temps, l'ouvrier retourne la matière avec la pelle ; découpe et divise les parties non encore humectées, puis relève le tout en un tas ou monceau fort élevé au milieu de la battière. Il se sert alors du découpoir, pour hacher verticalement dans le tas, pour le diviser en tranches les plus minces possibles, qui retombent sur le plancher et qui finissent par former une couche d'une épaisseur à peu près uniforme. L'ouvrier enlève avec la pelle la terre qui se trouve au centre de la couche ; il relève le reste dont il forme un nouveau tas sur lequel il rejette la terre qu'il avait primitivement enlevée. Le but de cette manœuvre est d'obtenir que le centre de la couche soit aussi bien corroyé que le reste.

Ce tas est haché avec le découpoir comme la première fois, formé en une couche d'égale épaisseur, puis relevé en un nouveau tas, mais moins haut.

Mélange de l'argile avec la première moitié de crottin de cheval.

On répand sur l'argile la moitié de la quantité nécessaire de crottin. On hache verticalement avec le découpoir pour forcer le crottin à pénétrer dans la terre. Lorsque la matière est formée en une couche uniformément épaisse, on la sillonne avec la pelle, on enlève la partie du centre, on relève le reste en un tas sur lequel on rejette la partie du centre qui avait été mise à part.

Introduction de la seconde moitié du crottin de cheval.

Le préparateur de la terre à mouler répand le reste du crottin qu'il fait pénétrer dans la matière et qu'il mélange de la même manière que ci-dessus.

Pétrissage de la terre forte.

L'ouvrier monte sur la battière, les jambes et les pieds nus ; il se soutient à la corde dont nous avons parlé : il parcourt une largeur de battière en écrasant tous les grumeaux avec le même pied. Il parcourt ensuite une seconde largeur, mais en travaillant de l'autre pied. Il arrose légèrement quand la matière est trop résistante. L'opération se continue en piétinant par lignes parallèles et changeant de pied à chaque nouvelle course jusqu'à ce que le crottin soit suffisamment mélangé; ce qu'on reconnaît à la couleur uniforme de la terre qui ne permet plus de distinguer les substances qui la composent.

La terre ayant été pétrie, est relevée en tas, et est propre au moulage.

Le travail que nous venons de décrire est très-fatigant, aussi les ouvriers, quand ils ne sont pas surveillés, cherchent-ils à s'y soustraire, en se bornant à sautiller dans la pâte alternativement sur chaque pied : mais cette méthode ne vaut rien.

ARTICLE III.

TERRE A CHAPER POUR LE MOULAGE EN TERRE DES PIÈCES DE FONTE.

Lorsqu'on approche de la surface du modèle ou de l'intérieur du moule, il importe d'employer une matière qui soit moins exposée que la terre forte à se fendiller par le séchage. Il y a donc nécessité de préparer une autre terre qui, renfermant plus de crottin, soit plus liante. Elle se nomme terre à chaper et est composée de :

1 Volume d'argile.

1 Volume de crottin de cheval.

Cette terre contenant plus de crottin est moins susceptible de retrait et de gerçures, que la terre forte; elle forme une pâte plus liante, plus onctueuse, plus grasse, et propre aux détails des moulures.

La terre à chaper se prépare par les mêmes procédés que la terre forte.

C'est avec la terre à chaper qu'on donne au modèle la forme qu'il doit avoir et qu'on fait la plus grande partie du moule : elle est la matière du mouleur la plus importante. Elle tire son nom du mot *chape* qui désigne plus particulièrement l'enveloppe du moule dont elle compose la majeure partie.

ARTICLE IV.

TERRE SABLÉE.

On obtient une matière qui se fendille ou se gerce moins par le séchage que toutes les autres terres à mouler en fesant par les procédés déjà indiqués un mélange de

1 Volume d'argile.

1 Volume de sable.

Cette terre est plus compacte ou moins poreuse que la terre à chaper, mais elle a moins de cohésion, on ne l'emploie que pour une première couche très-mince de la chape sur le modèle. Il en résulte un moule plus uni, plus dur vers l'intérieur, dépouillant mieux et assez consistant pour la fonte. Nous exposerons plus loin les raisons qui ne permettent pas d'employer cette matière dans le moulage des pièces de bronze.

ARTICLE V.

TERRE FINE POUR LE MOULAGE EN TERRE DES PIÈCES DE FONTE.

Composition de la terre fine.

La terre fine est formée de débris de modèles pulvérisés, passés au tamis en crins et ensuite délayés dans de l'eau de pluie au point de former une bouillie. On laisse la matière s'imbiber d'eau pendant plusieurs jours, en ayant la précaution de la remuer de temps en temps.

La terre fine ne doit contenir ni gros grains, ni particules pourvues d'aspérités : il faut éviter de la mélanger avec du sable.

Emploi de la terre fine.

La terre fine sert à former les dernières couches du modèle et à parer l'intérieur du moule. Etant très-délayée elle est appliquée en couches très-minces, qui ne peuvent éprouver de retrait sensible : elle convient pour procurer une surface unie au modèle et pour boucher les petites fissures du moule.

On concevra l'utilité de la terre fine en considérant que lorsque le modèle est bien lisse, l'intérieur du moule qui se fait dessus l'est également, le modèle se détache plus facilement du moule, et les objets coulés ont leurs surfaces plus nettes.

ARTICLE VI.

LESSIVE DE CENDRES POUR ENDUIRE LE MODÈLE DANS LE MOULAGE EN TERRE DES PIÈCES DE FONTE.

Composition de la lessive de cendres.

La lessive de cendres est formée de

2 Volumes de cendres de bois 3 Volumes d'eau de pluie	Le mélange est convenablement agité puis passé au tamis fin.

Les cendres de bois doivent être au préalable lessivées, pour être débarrassées des sels alcalins.

Objet de la lessive de cendres.

Lorsque le modèle est terminé, on l'enduit de lessive de cendres pour empêcher qu'il n'adhère au moule.

Propriétés que doit posséder la base de la lessive.

Les couches du moule étant appliquées humides sur le modèle, la base de la lessive doit jouir des propriétés suivantes :

1° Elle doit être dépourvue de plasticité et de liant, afin que le modèle ne puisse faire corps avec le moule.

2° Elle doit être dans un très-grand état de division, afin de pouvoir en former une couche très-mince sur le modèle.

3° Elle doit être réfractaire à la haute température du métal en fusion. Une partie de la lessive pouvant rester adhérente au moule après l'enlèvement du modèle, si elle se décomposait ou se liquéfiait au contact du métal en fusion, la pièce ne dépouillerait plus et ses dimensions pourraient même en être altérées.

Les cendres de bois jouissent de toutes les propriétés comme base de la lessive.

Les particules de cendres sont dépourvues de toute cohésion, la combustion les a rendues très-ténues, et le lavage les a débarrassées des substances vitrifiables.

Article 7. Jus de crottin Article 8. Enduit noir	Même préparation et destination que pour le moulage en sable des pièces de fonte.

CHAPITRE III.

MATÉRIAUX POUR LE MOULAGE MIXTE DES PIÈCES DE FONTE.

Article 1. Sable de moulage. Article 2. Jus de crottin. Article 3. Enduit noir.	Même préparation et destination que pour le moulage en sable des pièces de fonte.

ARTICLE IV.

TERRE FORTE OU GROSSE TERRE POUR LE MOULAGE MIXTE DES PIÈCES DE FONTE.

Préparation de la terre forte.

Cette terre est employée à la confection du modèle et se prépare de la même manière que pour le moulage en terre des pièces de fonte.

Objet particulier de la terre forte dans le moulage mixte.

Dans le moulage mixte il est essentiel que le modèle ne puisse se déformer par le tassement du sable qui compose le moule. Le modèle doit donc être plus dur que pour le moulage en terre. Dans ce but on rend plus épaisse la couche de *terre forte* qui est la plus compacte de toutes les terres de moulage.

Ainsi dans le moulage mixte, la terre forte sert à relier les couches extérieures du modèle aux nattes de foin et à empêcher sa déformation dans la confection du moule en sable en le rendant moins compressible.

Défauts auxquels sont exposées les pièces obtenues par le moulage mixte.

Dans le moulage mixte, les pièces sont exposées à des *serres* et à des *ondulations*. Les serres sont des parties rentrantes circulaires et perpendiculaires à l'axe de la pièce produites par une diminution dans le diamètre du moule : diminution occasionnée par le trop peu de dureté du modèle qui s'est laissé comprimer dans le tassement du sable lors de la confection du moule. Les ondulations sont au contraire des parties circulaires, saillantes sur la pièce, qui proviennent de ce que le sable du moule n'a pas été assez foulé. On conçoit en effet la difficulté de tasser uniformément le sable autour, d'un modèle qui est plus ou moins compressible.

Article 5. Terre à chaper. Article 6. Terre fine.	Servent à la confection du modèle : même préparation que pour le moulage en terre des pièces de fonte.

Article 7. Lessive de mine de plomb pour le moulage mixte des pièces de fonte.

La lessive de mine de plomb est formée de mine de plomb delayée dans de l'eau. On l'applique sur le modèle terminé et séché à l'aide d'un large pinceau, le *blaireau.*

Dans le moulage mixte, le moule en sable est fait sur un modèle en terre. Cette opération ne dure qu'un jour ou deux ; le sable du moule est très-peu humide : on n'a donc pas à craindre l'oxidation de la base de la lessive avec laquelle il faut enduire la surface du modèle pour en faciliter le dépouillement ; de plus, la base de la lessive ne peut être entraînée dans le moule à cause du peu d'humidité du sable lors de son emploi.

Il est donc permis dans le moulage mixte des pièces de fonte d'employer une lessive de mine de plomb au lieu d'une lessive de cendres.

La lessive de mine de plomb présente les avantages suivants :

Elle bouche plus promptement et plus complètement les pores à la surface du modèle, rend cette surface plus lisse et plus facile à dépouiller, coûte beaucoup moins que la lessive de cendres et exige moins de préparation.

CHAPITRE IV.

MATÉRIAUX POUR LE MOULAGE DES PIÈCES DE BRONZE.

ARTICLE I.

SABLE POUR LE MOULAGE DES PIÈCES DE BRONZE.

Les qualités et la préparation du sable sont les mêmes que pour le sable servant au moulage des pièces de fonte, mais il n'y entre pas de coke.

Il n'existe aucun motif pour ralentir le refroidissement des pièces de bronze après leur coulée.

Il n'y a aucun intérêt à ralentir par des mesures particulières le refroidissement du bronze après le remplissage du moule. Si un refroidissement très-lent est de la plus haute importance quand il s'agit de la fonte de fer, afin de permettre la séparation du carbone avec le fer; il n'en est pas de même pour le bronze, les effets de la liquation tendant à détruire l'homogénéité du métal.

Quelques auteurs passànt, trop légèrement peut-être à la limite extrême d'un raisonnement dans lequel on n'a pas tenu compte de toutes les circonstances, ont été jusqu'à prétendre qu'il fallait hâter le refroidissement autant que possible, et l'accélérer pour les parties de la pièce où la masse était la plus forte, afin d'obtenir la congélation de la bouche à feu entière au même instant.

On peut objecter à ce raisonnement que le bronze est plus dense près de la culasse, ce qui n'aurait pas lieu si, par un refroidissement instantané, la masselotte ne pouvait produire son effet comprimant. On peut aussi observer que, toutes choses égales d'ailleurs, les soufflures sont en plus grand nombre à la volée et au bourrelet, qui sont les parties les plus minces, les plus promptement refroidies et sur lesquelles la masselotte pèse le moins.

Motifs qui s'opposent impérieusement à la présence du coke dans le sable.

Indépendamment de ce qui précède, il y a une autre raison, d'une force majeure, pour ne pas mêler du coke avec le sable destiné au moulage des pièces de bronze. Nous allons l'exposer.

Le bronze liquide est beaucoup plus fluide que la fonte de fer. Lors de la coulée, ce premier métal pénètre dans l'épaisseur du moule: la haute température du bronze en fusion pourrait occasionner des explosions dangereuses, si le moule renfermait la moindre humidité : cette infiltration compromet également la solidité du moule vers sa paroi intérieure, par les tiraillements qu'elle produit.

Il est donc essentiel que les moules soient plus consistants pour les bouches à feu en bronze : on obtient une augmentation de résistance en supprimant le coke dont l'interposition entre les particules de sable ne peut qu'en détruire la cohésion.

Le moule devant être parfaitement sec, on le flambe à l'intérieur pour en extraire toute l'humidité. Cette opération exige impérieusement que la matière du moule soit exempte de charbon pulvérisé qui brûlerait en détruisant la liaison entre les particules du sable.

ARTICLE II.

JUS DE CROTTIN POUR LE MOULAGE EN SABLE DES PIÈCES DE BRONZE.

Même préparation que pour le moulage en sable des pièces de fonte : même raison d'être.

ARTICLE III.

POTÉE DE CENDRES POUR LE MOULAGE EN SABLE DES PIÈCES DE BRONZE.

Préparation de la potée de cendres.

La potée de cendres est formée de :

2 parties de cendres de bois 3 parties de lait	mélangées et passées au tamis de soie.

Les cendres doivent être lessivées à l'eau de pluie avant d'être mélangées avec le lait.

Emploi de la potée de cendres.

La potée de cendres sert au cendrage du moule après la cuite. Le cendrage a pour but de boucher toutes les petites gerçures que le feu a occasionnées et à faciliter le dépouillement de la pièce.

La lessive de cendres, telle qu'on l'emploie pour le cendrage du modèle, n'adhèrerait pas au moule après la dessication. Il faut que les cendres soient mêlées avec un liquide qui, après l'évaporation, les relie entre elles et au moule sur lequel elles sont appliquées. Le liquide doit être tel qu'il ne puisse déposer de substance nuisible. C'est dans de la bière ou dans du lait qu'on dissout ordinairement les cendres de bois pour en faire une potée. A la fonderie de Liége, on a obtenu de bons résultats par l'emploi du lait frais.

Les cendres de bois, par leur ténuité, sont plus propres à boucher les fissures du moule que le coke le mieux pulvérisé. Il faut donc l'employer de préférence dans le dernier enduit lorsqu'il s'agit du bronze, pour s'opposer plus efficacement aux infiltrations de ce métal qui, étant fondu, est extrêmement fluide.

CHAPITRE V.

MATÉRIAUX POUR LE MOULAGE EN TERRE DES PIÈCES DE BRONZE.

ARTICLE I.

TERRE FORTE OU GROSSE TERRE.

Composition de la terre forte.

La terre forte se prépare de la même manière que pour le moulage en terre des pièces de fonte.

Les ferrures qui renforcent les moules des pièces de bronze, sont un motif de plus pour employer la terre forte aux couches extérieures de la chape.

Les ferrures sont appliquées à l'extérieur de la chape pour s'opposer à l'expansion du moule par la pression du métal liquide. Pour qu'elles remplissent leur but, il faut que leur résistance soit transmise à la chape par de larges surfaces. La terre forte devient très-dure et consistante par le séchage, elle convient donc pour remplir les vides entre le moule et les ferrures, et pour augmenter les surfaces de résistance de ces dernières.

Article 2. Terre à chaper Article 3. Terre fine Article 4. Lessive de cendres	les mêmes que pour le moulage en terre des pièces de fonte.
Article 5. Potée de cendres	la même que pour le moulage en sable des pièces de bronze.

CHAPITRE VI.

MATÉRIAUX POUR LE MOULAGE MIXTE DES PIÈCES DE BRONZE.

Article 1. Terre forte Article 2. Terre à chaper Article 3. Terre fine. Article 4. Lessive de cendres	servant à la confection du modèle en terre : sont les mêmes que pour le moulage en terre des pièces de bronze.
Article 5. Sable de moulage Article 6. Jus de crottin Article 7. Potée de cendres	servant à faire le moule en sable : sont les mêmes que pour le moulage en sable des pièces de bronze.

CHAPITRE VII.

RÉCAPITULATION DES DIVERS MATÉRIAUX EMPLOYÉS AU MOULAGE : CONSIDÉRATION SUR CES MATÉRIAUX.

ARTICLE I.

TABLEAU RÉCAPITULATIF DES DIVERS MATÉRIAUX EMPLOYÉS AU MOULAGE.

Désignation des matériaux.	COMPOSITION.	PRÉPARATION.	EMPLOI.
Sable pour le moulage des pièces de fonte.	1 partie sable argileux 1/6 à 1/12 coke pulvérisé. Proportion ordinaire de coke 1/9.	Le sable se prépare séparément en le desséchant, pilant et tamisant. Le coke est broyé et tamisé séparément. Ces deux substances sont mélangées à sec, puis arrosées : formées en tas par couches horizontales : puis découpées verticalement et remises en tas par nouvelles couches horizontales. Après un corroyage plusieurs fois répété, le sable est passé au laminoir dans la journée du moulage.	Moulage en sable et moulage mixte des pièces de fonte.
Sable pour le moulage des pièces de bronze.	Sable argileux.	Même préparation que la précédente, à l'exception qu'il n'y entre pas de coke.	Moulage en sable et moulage mixte des pièces de bronze.
Terre forte ou grosse terre.	2 parties d'argile. 1 partie crottin de cheval.	L'argile préparée et corroyée séparément en s'aidant du découpoir. Le crottin introduit en deux fois : le mélange bien corroyé à chaque fois avec le découpoir : le tout terminé par le pétrissage avec les pieds.	Premières couches du modèle en terre : dernières couches du moule en terre.
Terre à chaper.	1 partie argile. 1 partie crottin de cheval.	Argile préparée séparément, puis mélangée en 2 fois avec le crottin, corroyée et pétrie comme la grosse terre.	Modèle en terre : moule en terre.
Terre fine.	Débris de modèles en terre. Eau de pluie.	Les débris broyés, tamisés, puis délayés dans de l'eau de pluie, de manière à donner une bouillie claire.	Dernières couches du modèle en terre. Parer l'intérieur du moule en terre.

Désignation des MATÉRIAUX.	COMPOSITION.	PRÉPARATION.	EMPLOI.
Terre sablée.	1 partie argile. 1 partie sable argileux.	Les matières préparées séparément, puis mélangées, corroyées et pétries.	Première couche de la chape sur le modèle, dans le moulage en terre des pièces de fonte.
Lessive de cendres de bois.	2 parties de cendres. 3 parties d'eau de pluie.	Les cendres lavées à l'eau de pluie, pour les débarrasser des sels alcalins, puis tamisées, et enfin mélangées à l'eau de pluie dans la proportion indiquée. Le mélange est lui-même tamisé.	Enduire le modèle dans le moulage en terre.
Jus de crottin.	16 parties crottin de cheval. 1 partie d'eau de pluie.	Les matières mélangées restent 12 heures en repos, puis sont soumises à l'action de la presse.	Enduire tous les moules donne du liant au sable, augmente celui de la terre du mouleur, sert de liquide pour la préparation de l'enduit noir.
Enduit noir.	6 parties jus de crottin. 1 partie coke pulvérisé et tamisé.	Le mélange est passé au tamis de soie.	Enduire les moules en sable ou en terre des pièces de fonte. Faciliter le dépouillement.
Lessive de mine de plomb.	Mine de plomb. Eau de pluie.	On fait ce mélange en ajoutant assez d'eau pour que la couche s'étende facilement.	Enduire le modèle dans le moulage mixte des pièces de fonte.
Potée de cendres.	2 parties cendres de bois. 3 parties lait.	Les cendres lessivées et tamisées séparément : puis mélangées au lait et tamisées de nouveau.	Cendrage des moules des pièces de bronze après la cuite.

ARTICLE II.

OBSERVATION SUR LES MATÉRIAUX DE MOULAGE.

Les matériaux de moulage ne sont pas les mêmes dans toutes les fonderies. Le choix des matières dépend des ressources qu'offrent les localités : leur préparation peut varier entre certaines limites d'après des opinions plus ou moins plausibles ou suivant une routine transmise par tradition.

Le sable et l'argile, qui sont les éléments principaux des matériaux de moulage, doivent être dans les conditions que nous avons examinées. Mais la proportion de silice et d'alumine pouvant changer, il doit en être de même des substances mêlées au sable ou à l'argile pour les rendre moins susceptibles de retrait ou pour en augmenter le liant.

Le charbon de bois est souvent substitué au coke. La lessive ou la potée de cendres remplace parfois l'enduit noir, formé de charbon et de jus de crottin.

Dans beaucoup d'établissements, on ne met pas de charbon dans le sable de moulage pour les pièces de fonte.

Cependant il n'est guère de fonderie qui ne se flatte avec plus ou moins de raison de couler des pièces dépouillant bien de leurs moules. L'essentiel, c'est que le sable de moulage soit homogène, liant, à gros grains, refractaire, et pas assez argileux pour que les moules puissent se fendiller. Si le charbon pulvérisé et mêlé au sable peut nuire à la solidité du moule, il a cependant un avantage incontestable, c'est de ralentir le refroidissement de la pièce lors de la coulée. Mais de combien.... ?

On mêlait autrefois et on le fait encore dans quelques établissements de la brique pilée à la terre du mouleur, afin d'en diminuer le retrait dans le séchage et d'en augmenter la compacité. Mais on a renoncé presque partout à cette substance, parce qu'elle nuisait à la résistance du moule. On a essayé l'ardoise pilée pour s'opposer aux infiltrations du bronze dans la chape, mais sans résultat satisfesant.

La terre de porcelaine, la terre de pipe peuvent être substituées avec plus ou moins de succès à l'argile proprement dite; mais elles doivent être préparées et mélangées avec du sable ou d'autres matières qui puissent les rendre moins susceptibles de retrait.

Nous avons indiqué que le crottin de cheval rendait la terre à mouler plus liante, plus poreuse, plus propre au moulage. La fiente des animaux jouit des mêmes propriétés, mais avec des avantages plus ou moins prononcés. La bouse de vache a quelquefois été employée au lieu de crottin de cheval. Avec la bouse de vache on obtient une terre très-fine, mais trop compacte.

Dans le but d'augmenter la résistance de la terre à mouler et de s'opposer aux effets du retrait, on la mélange très-souvent avec des poils de bœufs. Mais ces poils se consument au contact du métal en fusion ou dans la cuite des moules, et laissent de petits vides qui peuvent donner lieu à des infiltrations.

Il en serait de même du chanvre et des matières filamenteuses végétales ou animales. Aussi ces matières ne sont-elles généralement employées qu'à l'extérieur des moules, où elles sont moins exposées à l'action d'une trop haute température.

Dans plusieurs fonderies, principalement dans celles d'ornements ou de statues, on modèle avec la cire les parties ornementées et délicates ou les parties du modèle qu'on aurait de la peine à retirer du moule, telles que les anses des canons.

La cire étant très-fusible, on conçoit qu'on puisse la faire écouler en la fondant à une douce chaleur.

Mais par l'emploi de la cire on introduit dans la chape une matière décomposable par le feu, qu'on ne peut faire disparaître entièrement que par certaines précautions.

Le plâtre gâché est souvent utilisé pour faire les modèles des tourillons.

Les proportions adoptées à la fonderie de Liége, dans la préparation des matériaux de moulage, ne sont pas le résultat d'une formule, mais elles sont des moyennes dont on peut s'écarter en plus ou en moins, en raisonnant toutefois la chose.

Par exemple : si les couches de terre sont minces, si on les laisse sécher loin du feu, le retrait se fera plus uniformément, d'une manière presque insensible, et la terre du mouleur pourra être plus argileuse.

On doit avoir assez d'espèces de matériaux pour remédier aux inconvénients qu'on rencontre dans le moulage, mais il en faut le plus petit nombre possible. Moins il y a d'espèces de matériaux, moins l'ouvrier est exposé à se tromper dans leur choix ou dans l'ordre de leur emploi. Plus les procédés de préparation sont simples, plus la bonté des matériaux est indépendante du plus ou moins d'attention de l'ouvrier. De cette manière une petite négligence n'a pas de suites fâcheuses.

Le procédé de rendre le sable homogène en le disposant par couches horizontales, qu'on découpe verticalement pour former de nouvelles couches horizontales, et ainsi de suite, est un des plus parfaits. Car la bonté du mélange n'exige aucune attention particulière de l'ouvrier, il n'a qu'à faire son travail mécaniquement.

Le nombre des jours d'intervalle entre les différentes manipulations du sable , peut quelquefois être abrégé : mais le discernement de l'ouvrier devrait agir pour juger de la qualité du sable; il pourrait se tromper ou être négligent. Il est plus sûr de laisser le temps aider l'humidité à pénétrer dans l'argile, à la diviser et à favoriser le mélange des matières qui sont en présence.

Le travail de l'argile sur la battière, la préparation de la terre forte ou à chaper , peuvent différer de notre description. Le corroyage et le mélange des matières peuvent se faire par des procédés plus ou moins longs ou pénibles : mais la méthode que nous avons indiquée n'exige aucune combinaison de l'ouvrier, il n'a qu'à travailler matériellement, sans aucune dépense d'intelligence et il arrivera à bien préparer sa matière. En n'ayant que deux terres de moulage, la grosse terre et celle à chaper , on rend plus difficile une méprise dans leur emploi.

Les eaux d'arrosage sont presque toujours employées chaudes, parce qu'elles sont plus facilement absorbées : d'ailleurs il est indispensable qu'elles soient chauffées en hiver.

LIVRE III.

MOULAGE DES BOUCHES A FEU.

CHAPITRE PREMIER.

MOULAGE EN SABLE DES PIÈCES DE FONTE.

ARTICLE I.

DU MODÈLE.

Raison pour laquelle le modèle en métal est composé de plusieurs parties.

Le modèle dans le moulage en sable est en métal.

Les parties rentrantes ou saillantes, qu'il présente, empêcheraient de le retirer du moule s'il n'était décomposé en plusieurs parties. Le moule lui-même est divisible, de manière à permettre la sortie des différentes portions du modèle. On assure la solidité du moule en le fesant dans des caisses en fonte dont l'ensemble constitue le châssis.

Division du corps du modèle.

La forme des canons généralement composés de troncs de cône est très-favorable au démoulage : on fait donc passer les plans de séparation des parties du modèle par les intersections des diverses surfaces de révolution.

Le modèle d'un canon est formé de 7 tronçons (fig. 1, planche VI).

1° Le modèle de la masselotte AA', jusqu'au renflement du bourrelet. Il est souvent en bois, parce que la masselotte n'a pas besoin d'autant de précision que le reste de la bouche à feu.

2° Le modèle du bourrelet BB', depuis le renflement jusqu'à l'astragale.

3° Le modèle de la volée CC' y compris la plinthe qui sépare cette partie du 2d renfort.

4° Le modèle du second renfort DD' y compris la plinthe de séparation avec le 1er renfort.

5° Le modèle du 1er renfort EE', y compris la plate-bande de culasse.

6° Le modèle de la culasse FF' jusqu'à la partie la plus mince du collet.

On donne quelquefois à la partie du modèle de la culasse relative au collet le même diamètre qu'au grand cercle du bouton. Dans ce cas, le bouton de culasse et le collet sont coulés cylindriquement ou tronconiquement et façonnés sur le tour.

7° Le modèle du restant du collet, du bouton et du carré du faux bouton GG'.

Le carré du faux bouton est une partie excédante du bouton, servant au forage et enlevée après.

Motif pour lequel le modèle du bouton n'est pas divisé par un plan passant par le grand cercle du bouton.

En suivant la règle de couper le modèle à la place où le diamètre commence à décroître après avoir augmenté ou réciproquement, on devrait diviser le modèle du bouton par un plan passant par le grand cercle LL' de ce bouton. On aurait ainsi un tronçon de modèle de fort peu de hauteur auquel correspondrait une portion de châssis.

On évite cette complication pour de petits tronçons par le procédé suivant :

On fait déborder la caisse de la culasse FF′ (fig. 2), vers le bouton jusqu'à son grand cercle. Le modèle du bouton et du faux bouton est moulé en partie dans le châssis du bouton GG′ (fig. 2) et en partie dans le châssis de la culasse FF′ (fig. 2).

Manière pour démouler le modèle du bouton.

On sépare le châssis de la culasse de celui du bouton.

La partie du modèle du bouton comprise depuis le grand cercle jusqu'au collet *aa* (fig. 2), sort facilement de son moule qui est dans le châssis de la culasse. On retire ensuite le modèle du bouton lui-même par le côté GG″ du châssis GG′.

Motifs pour lesquels les tronçons du modèle sont creux.

Les tronçons du modèle doivent être creux pour être légers et maniables et afin de permettre de visser par leur intérieur et de dévisser à volonté, les parties saillantes, telles que les tourillons, la plate-bande de volée, etc., etc.

L'épaisseur ordinaire des tronçons est de 0,025.

Le modèle de la culasse est très-peu évidé, parce qu'il a peu de poids. Pour une raison semblable, le modèle du bouton est plein. Il en résulte une économie de main-d'œuvre.

Mode d'assemblage des tronçons du modèle.

Les tronçons du modèle s'assemblent par gorge et feuillure, telles que *aa*, *bb* (fig. 1), à l'instar d'une tabatière et de son couvercle.

Repères qui se trouvent sur les tronçons du modèle.

La gorge de chaque tronçon présente une saillie *cc*′ (fig. 6), le *talon de repère*, s'emboîtant parfaitement dans une cavité ou logement *ee*′ de la feuillure du tronçon contigu.

Ces repères ont pour objet d'obtenir un assemblage toujours identique des divers tronçons et de guider le placement du modèle dans le châssis, de manière que les modèles des tourillons viennent se placer dans les logements qui leur sont ménagés au châssis du 1er renfort.

Tous les repères sont alignés suivant un plan passant par l'axe du modèle et perpendiculaire à celui des tourillons. Cette précaution est indispensable, quand il existe des saillies à la surface, tels que, masse de mire, champ de lumière, croc de braque, etc., dont il importe que la position soit toujours assurée relativement aux tourillons.

Moyen pour fixer les modèles des tourillons, des plates-bandes et des parties saillantes en général.

Les modèles des tourillons, des plates-bandes et des parties saillantes sont fixées sur le corps du modèle par des tire-fonds vissés par l'intérieur. Ces tire-fonds sont enlevés, lorsqu'on procède au démoulage, NO, fig. 7.

Le modèle de l'astragale est quelquefois d'une seule pièce enveloppant une gorge creusée au modèle de la volée.

Mode de réunion des divers tronçons du modèle.

Des doubles crochets II, KK, etc., (fig. 2 et 7) se trouvent à l'intérieur des tronçons et servent à les saisir pour les manier ou à les relier les uns aux autres, à l'aide de tirants MM' (fig. 7), recourbés en crochet à un bout et filetés à l'autre extrémité pour recevoir un écrou.

Pour attacher deux tronçons contigus lorsqu'ils sont emboîtés on engage la partie recourbée du tirant MM' (fig. 7) dans le crochet supérieur du tronçon de dessous, et l'on fait passer l'autre bout du tirant dans un trou percé dans une traverse ST, fixée à la partie supérieure du tronçon de dessus. On passe un écrou sur la partie filetée du tirant qui dépasse et on le serre autant qu'on peut. Tous les tronçons sont réunis les uns aux autres par deux tirants semblables.

La position de la traverse ST est assurée par ses extrémités qui sont reçues dans des entailles ou encoches pratiquées sur la feuillure du tronçon.

La jonction de la culasse et du bouton, se fait par un seul bouton à écrou PQ (fig. 2, planche VI). La tête P du bouton est retenue au modèle de culasse et la tige traverse le modèle du bouton.

Manière de retirer le modèle de la plate-bande de volée.

Nous avons dit que le modèle de plate-bande de volée était d'une pièce. Il reste engagé dans le moule, après qu'on en a retiré le modèle de la volée par sa grande base. On fait sortir le modèle de la plate-bande du côté de la petite base tournée vers le bourrelet. Il faut au préalable que le châssis de la volée soit séparé de ceux du bourrelet et du 2[d] renfort.

Pour faciliter la sortie de la plate-bande, on la saisit avec deux tire-fonds vissés sur le bord extérieur.

Manière de retirer les cordons situés autre part qu'aux extrémités des tronçons.

Quand un tronçon a un cordon ailleurs qu'à ses extrémités, on divise le cordon en 3 ou 4 parties assemblées en sifflet et fixées sur le modèle à l'aide de tire-fonds par l'intérieur du tronçon. Lors du démoulage, ces tire-fonds sont enlevés, on retire le corps du modèle et les segments du cordon restent dans le sable du moule. On remet les tire-fonds en guise de poignées pour saisir les segments. On détache d'abord le segment dont les sifflets recouvrent les autres, puis chacun de ceux-ci en le fesant pivoter autour d'une de ses extrémités.

ARTICLE II.

DU CHASSIS.

Définition du châssis.

Le châssis est l'enveloppe solide du moule en sable; il lui procure une résistance dont le sable seul est incapable.

Le châssis est ordinairement en fonte.

Division du châssis.

Le châssis est composé de caisses en fonte, correspondantes aux diverses parties du modèle. Chaque partie du châssis prend le nom du tronçon du modèle, auquel il se rapporte: ainsi, on a le châssis du bouton GG', (fig. 2, planche VI), celui de la culasse FF', celui du 1er renfort EE', etc., etc.

Chaque châssis est formé de deux demi-châssis, suivant un plan passant par leur axe, exceptés les châssis de la culasse et du bouton qui sont d'une seule pièce.

Mode d'assemblage du châssis.

Les châssis sont terminés à leurs extrémités par des rebords, les brides circulaires, par lesquels on les réunit les uns aux autres, ainsi qu'on le voit (fig. 3) en GG″, F′F″, E′E″, etc., (fig. 2).

La bride supérieure est pourvue de boulons à clavettes *ab*, *a′b′* (fig. 3), s'engageant dans les trous percés sur la bride joignante de l'autre châssis.

On assure l'assemblage toujours identique de deux châssis, l'un relativement à l'autre, au moyen d'une cheville de *repère*, cylindrique en fer forgé, placé sur la même bride que celle qui porte les boulons et reçu dans un trou percé sur la bride circulaire du châssis superposé.

Les demi-châssis sont pourvus de rebords suivant leur longueur, les brides longitudinales, *ef*, *gh*, *pq*, *rs*, *ik*, *lm* (fig. 3), et comme l'indique suffisamment la (fig. 2). Les demi-châssis s'assemblent comme les châssis entiers, par des boulons à clavettes fixés sur l'une des brides longitudinales, reçus dans des trous percés sur la bride longitudinale joignante de l'autre demi-châssis.

La bride longitudinale qui présente les boulons à clavettes, est aussi munie d'une ou deux chevilles de repère, afin que les deux parties d'un même châssis ne puissent être réunies que d'une seule manière.

Plan de division des demi-châssis.

Les brides longitudinales sont dans un même alignement (fig. 2 et 3) : leur plan de séparation est perpendiculaire à l'axe des tourillons, afin de permettre l'enlèvement de la pièce après la coulée. Pour faire cette opération, on détache le châssis de culasse et du bouton ; on défait les clavettes qui réunissaient les brides longitudinales. Le châssis de la pièce entière (moins la culasse et le bouton) est alors divisé en deux demi-châssis renfermant chacun un tourillon : demi-châssis qu'il est facile de séparer.

Châssis du 2d renfort : logements des modèles et des tourillons.

Chaque demi-châssis du 2d renfort, présente une saillie ou boite, pour le logement du modèle du tourillon : DHD″, C′H′C″ (fig. 2 et 4). Cette boite a ordinairement une forme cylindrique ou tronconique : elle a un rebord circulaire et se ferme après le moulage par une plaque de fonte serrée contre le rebord par des boulons à écrous, qui traversent la plaque et le rebord.

Fermeture du châssis du bouton et du faux bouton.

Le châssis du faux bouton est fermé inférieurement par une plaque de fonte retenue par des boulons à écrous à la bride circulaire du châssis.

Lorsque le châssis du bouton n'a pas un grand diamètre inférieurement, on se dispense quelquefois de le fermer par une plaque après le moulage : le sable comprimé offrant une résistance suffisante.

Forme extérieure du châssis : épaisseur du moule.

Le châssis contourne grossièrement le modèle, sans égard pour les moulures, les plates-bandes et les petites saillies.

L'intervalle entre le châssis et le modèle, détermine l'épaisseur du moule, qui varie entre 0,04 et 0,07.

Plus les calibres sont forts, plus l'épaisseur du moule doit augmenter.

Disposition pour empêcher le moule en sable de glisser dans le châssis.

La paroi intérieure de chaque demi-châssis, a une légère saillie suivant tout le pourtour, afin de mieux retenir le sable qui, sans cette précaution, se détacherait dans les manœuvres par son propre poids.

On augmente encore l'adhérence du moule en ménageant dans la paroi intérieure du châssis un grand nombre de petites cavités dans lesquelles vient s'engager le sable lors du moulage.

Trous qu'on perçait autrefois dans les châssis, croyant ralentir le refroidissement de la pièce après la coulée.

La fonte étant bon conducteur du calorique, ce qui doit hâter le refroidissement du métal lors de la coulée, on avait imaginé d'y remédier en criblant le châssis de trous percés au travers de l'épaisseur des parois, afin de diminuer la masse du châssis. Ce procédé était vicieux, parce qu'il augmentait considérablement les surfaces de refroidissement : aussi a-t-il été abandonné depuis longtemps.

Anses de manœuvre des demi-châssis.

Chaque demi-châssis est pourvu d'une ou deux paires d'anses en fer forgé, pour qu'on puisse les saisir dans les diverses manœuvres auxquelles donnent lieu le moulage et le coulage des pièces.

ARTICLE III.

CONFECTION DU MOULE EN SABLE.

Appareils pour faciliter le maniement des modèles et châssis et pour effectuer les transports.

Les modèles, les châssis, les moules sont des objets plus ou moins lourds, dont le maniement et le transport ne peuvent s'effectuer qu'à l'aide de machines. L'atelier où se fait le moulage et le coulage des bouches à feu, possède trois grues, (planche VII), dont les bras peuvent se toucher par leurs extrémités.

Deux de ces grues A, B, sont disposées en regard des étuves à sécher les moules GH, G'H'.

La 3me grue CD, capable de supporter les fardeaux les plus pesants qu'on rencontre dans une fonderie, est placée au centre de courbure de la fosse à canons MN.

Puits ou trous de moulage.

Près de chacune des petites grues A, B, et dans l'étendue de leur portée, se trouve un puits I, I', revêtu en maçonnerie; le *puits* ou *trou de moulage*, est assez profond pour qu'il puisse contenir deux ou trois parties de châssis assemblées. En descendant dans ce puits les parties superposées du modèle et du châssis à mesure que le moulage avance, les mouleurs ne sont pas obligés de travailler sur des échaffaudages de plus en plus élevés.

Moyens pour empêcher le sable du moule d'adhérer au modèle.

Pour prévenir l'adhérence du sable du moule avec le modèle, on chauffe celui-ci et on l'enduit d'huile épurée, qu'on laisse sécher. On le frotte ensuite avec une brosse contenant de la plombagine, en dirigeant la brosse suivant la longueur du tronçon.

Enfin on saupoudre les divers tronçons de poussier de coke au moment du moulage.

Moulage de la culasse et du bouton.

C'est par la culasse qu'on commence le moulage en sable.

La planche à mouler AB (fig. 5, planche VI), est une table carrée reposant sur deux liteaux. Une ouverture circulaire CD, est pratiquée dans son milieu, ayant le même diamètre que la gorge *bb* (fig. 1), du modèle de culasse. Une entaille se trouve sur le périmètre de cette ouverture, pour le logement du repère du modèle de culasse, lorsque ce modèle est mis sur la planche à mouler, avec sa gorge dans l'ouverture circulaire CD. Par ce moyen, le modèle de culasse occupe toujours la même position sur la planche à mouler.

Pour procéder au moulage, on place la planche à mouler horizontalement sur le sol, les liteaux en dessous; on superpose le modèle de culasse, le cul de lampe en haut; on introduit la feuillure de ce modèle, autour de laquelle est creusée la gorge, dans le trou circulaire de la planche à mouler, le talon de repère dans le logement qui lui a été ménagé.

On couvre cette partie du modèle par le châssis correspondant EFGH (fig. 5), les chevilles à clavettes et celle de repère de la bride circulaire entrant dans les trous percés dans la planche à mouler. On réunit ce châssis à la planche en serrant des clavettes dans les mortaises des chevilles qui débordent en dessous. Quand ces dispositions sont faites, le modèle de la culasse se trouve naturellement au centre du châssis; et la position respective de ces deux pièces est assurée, par le talon de repère du modèle de culasse et par la cheville de repère de la bride circulaire du châssis, qui entrent dans les trous percés dans la planche à mouler.

On saupoudre le modèle de poussier de coke.

Cette précaution étant prise pour chaque partie du modèle à mesure que le moulage avance, nous n'en parlerons plus.

On remplit de sable l'intervalle entre le modèle et le châssis par couches successives de 0,03 à 0,04 d'épaisseur, réparties uniformément sur tout le pourtour. On foule chaque couche de sable avec un outil en bois, la *batte* (fig. 5, planche IV), et on lui donne une dureté suffisante.

Il est essentiel que le sable soit comprimé uniformément : à cet effet, les mouleurs au nombre de 3 ou de 4, se promènent constamment autour du modèle, d'un pas régulier, en chassant d'une manière uniforme leurs battes sur le sable, le long de la paroi du châssis.

Arrivé à la partie la plus mince du collet IK (fig. 5), on place le modèle du bouton IKL sur celui de la culasse en les serrant l'un contre l'autre par un boulon à écrou. La tête du boulon se trouvant dans l'intérieur du modèle de culasse et l'écrou étant serré contre l'extrémité opposée du modèle de bouton (fig. 5), on continue ensuite le moulage, jusqu'à ce que le sable dépasse le bord supérieur du châssis.

Arrivé à ce point, on comprime le sable avec un marteau (fig. 8, planche IV) : on se sert d'un couteau (fig. 7), pour en égaliser la surface en enlevant les parties excédantes, et on lisse le sable avec la truelle (fig. 10). On saupoudre le sable de poussier de charbon (dans le but d'empêcher l'adhérence du moule de la culasse avec celui du bouton) et on superpose le châssis du bouton.

Le sable prenant du retrait par le séchage, il se produirait des fissures dans le moule à la jonction des deux châssis, si l'on n'avait soin d'interposer 3 petites calles en tôle entre deux châssis consécutifs. L'épaisseur de ces calles est réglée d'après le retrait présumé du sable.

Par ce moyen, chaque moule déborde son châssis d'une quantité égale au retrait qu'il doit prendre, et les parties consécutives du moule seront tellement jointives lorsqu'elles seront assemblées après le séchage, que le métal liquide ne pourra trouver d'issue pour s'échapper.

Les calles doivent être moins épaisses quand le sable est vieux.

Le moulage du bouton se fait comme celui de la culasse, par couches successives et régulières de sable uniformément foulées par la manœuvre des battes. Arrivé à hauteur de l'extrémité du modèle du bouton, on dévisse l'écrou du boulon qui serrait ce modèle contre celui de la culasse.

Le boulon n'étant plus retenu, tombe contre terre. On recouvre d'un morceau de tôle le trou à l'extrémité du modèle de bouton où passait le boulon qu'on vient de détacher, et on poursuit le moulage comme on l'a commencé jusqu'à ce que le sable déborde un peu l'extrémité du châssis du bouton. On comprime les dernières couches de sable avec un marteau; on en lisse et égalise la surface, enfin on ferme le moule de ce côté par une plaque circulaire MN (fig. 5, planche VI), qu'on attache fortement par les boulons à écrous.

Le moulage étant fini de ce côté, on retourne le moule sens dessus dessous en s'aidant de la grue et on enlève la planche à mouler.

On n'a pu damer le sable de la partie du moule de la culasse voisine de la planche à mouler, aussi bien que le reste, à cause de l'élasticité du bois et de la forme arrondie du châssis contournant le cul de lampe. Afin de procurer à cette partie la dureté et la consistance nécessaires, on enlève le sable sur une épaisseur de 0,03 environ; on le remplace par couches successives de nouveau sable qu'on dame fortement avec les battes et on en ajoute assez pour que le moule déborde le châssis. On comprime la dernière couche à coups de marteau : on enlève avec le couteau la partie excédante, on pare avec la truelle et on saupoudre de poussier de coke.

Moulage du 1er renfort.

On descend dans le trou de moulage les moules du bouton et de la culasse réunis, avec leurs modèles, le bouton en dessous, le système reposant d'aplomb sur une plaque de fonte. On superpose le modèle du 1er renfort sur celui de la culasse : on les réunit par des tirants à crochets et à écrous. Le châssis du 1er renfort est descendu sur celui de la culasse dont il reste séparé par trois petites calles de tôle. Les deux châssis sont assemblés par leurs brides circulaires serrées l'une contre l'autre par les boulons à clavettes.

Le moulage est continué par couches successives de sable uniformément foulées, ainsi qu'il a été expliqué pour le moule de la culasse; c'est-à-dire les mouleurs marchant continuellement autour du châssis et manœuvrant leurs battes en ayant soin de ne pas toucher le modèle.

La première couche de sable est ordinairement plus épaisse que les autres : elle est damée plus longtemps et plus faiblement, pour ne pas dégrader le moulage du châssis inférieur.

Moulage des autres tronçons du modèle.

Le moulage des autres parties du canon se poursuit de la même manière : les diverses parties du modèle étant successivement superposées et assemblées. On continue d'ailleurs à observer pour les diverses parties du moule les précautions déjà indiquées : la surface supérieure de chaque portion terminée du moule, doit être saupoudrée de coke pulvérisé; il doit en être de même pour chaque tronçon du modèle, avant d'en commencer le moulage. On doit séparer deux châssis consécutifs par trois petites calles placées entre leurs brides circulaires, etc., etc.

Toutes les manœuvres pour le placement des parties du modèle et du châssis, sont facilitées avec l'aide de la grue.

Lorsque les parties superposées du modèle et du moule ont acquis une hauteur devenue gênante pour les ouvriers, on les désunit, on les retire du trou de moulage et on ne conserve pour continuer l'opération que la dernière partie moulée, qu'on fait reposer sur un plateau ou bloc de bois par la partie inférieure du tronçon.

Cette disposition a pour but d'empêcher le sable du moule de se détacher du châssis, entraînée par son poids et par celui du tronçon du modèle.

Moulage des tourillons.

Quand on est au tronçon du modèle qui porte les tourillons, on arrête le moulage un peu en dessous des embases. On fixe les modèles des tourillons à leurs places, par le moyen de tire-fonds vissés à l'intérieur du tronçon. On bouche provisoirement avec un peu de sable l'ouverture extérieure des boîtes DD″ et C′C″ (fig. 2, planche VI) du châssis qui renferment les tourillons, et on achève le moulage du tronçon.

Les tourillons ne sont alors moulés qu'en partie; pour achever l'opération, on désassemble le châssis qui les contient d'avec le châssis inférieur.

On le couche horizontalement, de sorte qu'un des tourillons se trouve en haut et l'autre en bas.

On enlève le sable du moule du tourillon supérieur qui n'a pu être bien foulé, et même on en détache une partie adhérente au moule de l'embase ou de corps de la pièce. On le remplace par de l'autre sable qu'on foule avec une batte, on achève le moulage de ce tourillon, puis on ferme la boîte par un couvercle de fonte PQ (fig. 2), fixé par des boulons à clavettes ou à écrous. On fait ensuite tourner le châssis, de manière que le tourillon non encore moulé, se trouve en haut; et on moule le second tourillon comme on a fait pour le premier.

Il est essentiel que le sable de tout le moule soit fortement et uniformément tassé. On reconnaît qu'il a la consistance voulue, lorsqu'on ne peut y faire d'empreinte en appuyant vigoureusement le pouce dessus.

ARTICLE IV.

DÉMOULAGE.

Le démoulage est l'opération par laquelle on retire du moule les diverses parties du modèle.

Ce travail se fait d'autant plus facilement que le modèle reste moins longtemps renfermé dans le sable. Les tronçons adhèrent d'ailleurs plus ou moins fortement au moule selon leur dépouille et l'étendue de leur surface. Dès qu'une partie du moule ne doit plus servir au moulage de la partie suivante, on la désassemble. On dévisse à l'intérieur les parties saillantes sur le corps du modèle, telles que, les tourillons, l'astragale au collet de la volée, etc. On place deux chantiers en travers sur l'ouverture du trou de moulage, et convenablement espacés.

On dépose sur ces chantiers la partie à démouler, la petite base vers le haut, appuyant sur ces chantiers par les brides inférieures.

Une pièce de bois est mise sur la feuillure supérieure du modèle, laquelle, fesant saillie sur le moule, empêche le contact du moule et de la pièce de bois. Un homme appliquant alors de grands coups de maillet sur le bois, force le tronçon à glisser dans son moule vers la grande base qui est en bas.

L'opération est plus ou moins longue et difficile. Enfin le modèle se dégage entièrement et tombe sur un lit de sable préparé au fonds de la fosse.

Les modèles des parties saillantes se retirent par l'intérieur du moule.

Les dégradations du moule doivent être réparées. On se borne en général à enlever les aspérités et à égaliser les surfaces. Il faut éviter autant que possible de boucher les cavités par un applicage de sable, qui tient fort peu et se détache souvent lors de la coulée.

La partie détachée restant prise dans la fonte, parce que le métal s'introduit entre elle et le moule, il en résulte des *tacons*.

Une petite cavité qu'on laisserait dans le moule, occasionnerait après la coulée une partie excédante à la surface de la pièce, qu'on peut enlever au burin ou au tour : ce qui n'offre aucun inconvénient.

Lorsque les moules doivent être réparés, ils sont ordinairement renversés et couchés sur des chevalets ou autres supports, afin d'éclairer l'intérieur. Quand la réparation est terminée, on redresse les moules, et on les fait reposer sur 3 ou 4 pieds à chevilles (fig. 9, planche IV), qu'on engage dans les trous percés sur la bride circulaire inférieure. Par ce moyen, le sable du moule est préservé de tout contact et ne peut être endommagé dans les déplacements ultérieurs.

ARTICLE V.

DESSICCATION DU MOULE ET APPLICATION DE L'ENDUIT.

Application d'une 1re couche de jus de crottin.

Dans le but de donner plus de consistance et de liant au sable, on applique une première couche de jus de crottin aux diverses parties du moule dépouillées de leurs modèles.

A cet effet, on se sert d'un torchon trempé dans un seau rempli de jus qu'on promène contre la paroi du moule. On emploie quelquefois un pinceau à longs poils pour enduire les parties rentrantes.

But du séchage.

Les moules doivent être desséchés après l'application de l'enduit : S'ils étaient humides au moment de la coulée, des vapeurs d'eau se formeraient instantanément lors de l'arrivée du métal en fusion.

Des explosions seraient à craindre : tout au moins la transformation de l'eau en vapeurs absorberait une grande quantité de calorique, ce qui hâterait le refroidissement de la pièce, rendrait la fonte plus dure et pourrait même la blanchir à la surface : des soufflures se formeraient, le moule se dégraderait, et la bouche à feu pourrait être manquée.

Chemins de fer pour faciliter les transports.

Pour pouvoir introduire facilement les moules dans l'étuve et les en faire sortir, l'atelier de la fonderie (planche VII), contient un chemin de fer EFE'F', traversant la largeur de l'atelier, à portée des grues A et B, et pénétrant dans les étuves GH, G'H'. Ajoutons pour compléter la description du chemin de fer, qu'il existe un pont tournant en E'F; qu'un 3me chemin de fer est dirigé suivant E''F'', à portée de la grande grue CD, tandis qu'un 4me chemin de fer RS, conduit à l'atelier de la forerie en traversant la cour de l'établissement.

Introduction des moules dans l'étuve.

On fait sortir le chariot TU (fig. 1 et 2, planche I) de l'étuve, en le fesant rouler sur le chemin de fer dont nous venons de parler et le conduisant jusque près de la grue. On le charge des diverses parties du moule, reposant chacune sur les pieds à cheville.

On dépose une couche de sable de 0,02 à 0,03 d'épaisseur sur la partie supérieure de chaque moule, afin de la préserver d'une action trop forte ou trop rapide de la chaleur.

On rentre dans l'étuve le chariot chargé des divers moules. Les plus gros se trouvent les plus rapprochés des feux, sans que la flamme puisse les atteindre, de manière à obtenir une dessiccation aussi égale que possible. On ferme ensuite la porte de l'étuve.

Conduite du feu : durée du séchage.

On allume et on dirige les feux, de manière à obtenir une augmentation progressive de chaleur. Une vaporisation trop prompte de l'humidité exposerait les moules à se gercer ou à s'égrener.

Le séchage doit durer 12 à 15 heures. La température doit être assez élevée, mais moindre que la chaleur rouge, pour ne pas déformer les ferrures des châssis par une trop forte dilatation ou par leur ramollissement et pour éviter que le sable des moules ne se fendille.

Application d'une 2de couche de jus de crottin et de l'enduit noir. 2me nuit de séchage.

On laisse refroidir les moules jusqu'à ce qu'ils aient une température modérée. On les enduit d'une seconde couche de jus de crottin, et on applique immédiatement l'enduit noir.

Les moules sont rentrés dans l'étuve où ils passent une nuit mais exposés à une chaleur moins forte que la première fois.

On peut alors les descendre dans la fosse à canon et les assembler l'un sur l'autre, ce qu'on appelle les renmouler.

Nous en parlerons.

Lorsque le canon ne doit pas être coulé de suite, on attend pour appliquer la seconde couche de jus de crottin et l'enduit noir jusqu'à la veille du jour de coulée.

CHAPITRE II.

MOULAGE EN TERRE DES PIÈCES DE FONTE.

ARTICLE I.

CONFECTION DU MODÈLE.

Du trousseau.

Le trousseau est une pièce de bois CDEF (fig. 1, planche VIII), diminuant de grosseur d'un bout à l'autre, et qui sert d'axe au modèle en terre. Il est en bois pour donner au modèle la rigidité nécessaire sans le rendre trop pesant : son diamètre va en diminuant pour lui donner de la dépouille. Le sapin bien sec est employé de préférence comme étant un bois léger et suffisamment rigide.

Le trousseau est généralement un corps de révolution composé d'un ou de plusieurs troncs de cône.

Les diamètres sont plus petits de 0,06 à 0,08 que ceux correspondants du modèle, afin de réserver l'épaisseur des nattes de foin et des couches de terre.

On allége le trousseau, quand il s'agit de très-grands calibres, en complétant ses dimensions avec des lattes ou tringles de bois, dirigées suivant les génératrices, et présentant entre elles autant de vide que de plein.

Le trousseau est soutenu par deux tourillons en fer A et B (fig. 1), façonnés en carré à leurs extrémités, afin de pouvoir y adapter les manivelles GH, IK (fig. 3).

Du chantier.

Le chantier LM (fig. 1, 3 et 4), est un châssis horizontal de bois, soutenu par deux chevalets à mi-hauteur d'homme au-dessus du sol, servant de support au trousseau dans la confection du modèle.

Des coussinets sont fixés aux petits côtés du chantier (fig. 4), pour recevoir les tourillons du trousseau. Entre les chevalets et aux côtés, sont des murs légers en briques, dont l'objet est de réfléchir sur le modèle la chaleur que produit la combustion du charbon de bois qu'on allume dans cette espèce d'âtre. On remplace quelquefois ces murs de briques par un assemblage de feuilles de tôle ou de plaques de fonte.

Les chantiers sont quelquefois disposés pour deux modèles : dans ce cas, ils sont pourvus de coussinets. Les trousseaux sont disposés ayant leurs axes parallèles, le gros bout de l'un correspondant au petit bout de l'autre, et étant assez espacés pour qu'on puisse travailler aux deux modèles à la fois, placer leurs tourillons et mouler.

La construction des chantiers est assez variable : ils se composent parfois de deux chevalets solidement fixés en terre ; ce système est souvent employé pour les gros calibres : d'autres fois, les chantiers sont formés de deux châssis verticaux de bois assemblés par des longerons ou longs côtés, également en bois, traversant des mortaises pratiquées dans les montants des châssis ; ce qui permet de varier la longueur du chantier.

Les chantiers doivent être placés à portée d'une grue et à proximité d'une étuve, quand les moules ne sont pas séchés sur place.

De l'échantillon.

L'échantillon est une pièce de bois OP, QR (fig. 2), représentant exactement le profil du modèle. Il est coupé en biseau le long de ce profil et est renforcé, suivant l'arête aiguë, par une feuille de tôle. L'échantillon est placé lors du moulage sur le chantier, vis-à-vis du modèle, ayant l'arête aiguë en dessous, de sorte que la partie enlevée, pour former le biseau, laisse un vide angulaire entre l'échantillon et le modèle *cc's* (fig. 2) ; vide qui diminue en dessous par la saillie qui fait l'arête du biseau.

La terre du mouleur projetée dans ce vide, est entraînée par le modèle dans son mouvement de rotation et est pressée de plus en plus contre lui.

L'échantillon est profilé pour la pièce entière, y compris le faux-bouton.

Le modèle de la masselotte se fait à part, avec les mêmes procédés que pour le modèle de la bouche à feu.

Exécution du modèle.

Le trousseau est enduit de savon vert, afin de le retirer aisément du modèle.

On corde du foin en le tordant à l'instar des cordages, et on prépare d'avance la quantité nécessaire qu'on enroule sous forme de grosse pelotte.

Le foin cordé est quelquefois remplacé par des nattes plates et minces, tressées avec du foin ou de la paille.

Pour natter le trousseau, on cloue provisoirement au gros bout l'extrémité de la pelotte de foin.

Un homme fait tourner le trousseau à l'aide de la manivelle, tandis qu'un autre l'enveloppe de foin cordé, en le tendant aussi fortement que possible, et fesant remonter les nattes à coups de maillet vers le gros bout, ce qui les fait serrer les unes contre les autres et contre le trousseau. Il est essentiel que les nattes adhèrent bien au trousseau.

Cette enveloppe de foin doit suivre grossièrement le contour de la pièce, afin que l'épaisseur des couches de terre soit aussi uniforme que possible et qu'elle ait approximativement 0,015.

Quand le nattage est terminé, on arrête le bout de la corde de foin en le passant sous un des brins déjà enroulés : on a eu soin d'ailleurs de recouvrir l'autre bout par lequel on a commencé, ce qui permet d'enlever le clou qu'on y avait enfoncé provisoirement.

On applique sur cette enveloppe de foin une couche de terre forte, en fesant en même temps tourner le trousseau. Un feu de charbon de bois allumé dans l'intérieur du chantier, active le séchage de la couche de terre, à mesure qu'on l'étend. Cette première couche doit recouvrir entièrement les tresses de foin. Afin d'augmenter l'adhérence de cette couche avec la suivante, on a soin d'y faire, avec les doigts ou avec une cheville de bois, de petits trous, dans lesquels entrera la terre de la nouvelle couche.

On fait sécher le modèle 6 à 12 heures.

Quand l'opération se fait sur place, on recouvre le trousseau de feuilles de tôle pour faire rayonner la chaleur sur toute la surface, et on lui fait faire de temps en temps un quart de tour, afin d'en exposer uniformément toutes les parties au feu de charbon de bois, allumé en dessous. Mais si la dessiccation doit se faire dans l'étuve, on y transporte le modèle et on le suspend par les tourillons à des supports attachés à la voûte ou reposant sur le sol.

Quoi qu'il en soit, après le séchage, le modèle doit être disposé sur son chantier pour l'application de la seconde couche de terre comme il l'a été pour la première couche. On vérifie si la terre forte qui s'est durcie, adhère bien aux nattes de foin : on fait tomber les parties qui ne tiendraient qu'imparfaitement et on les remplace.

La seconde couche est formée de terre à chaper, qui s'étend plus facilement que la grosse terre, et se dessèche plus vite.

Lorsque les dimensions du modèle se rapprochent de celles voulues, on place l'échantillon sur le chantier, l'arête du biseau en dessous, à une distance convenable de l'axe du trousseau. On s'assure de l'exactitude de cette distance par le diamètre de la partie tournée sur l'échantillon, qui doit être le même que celui indiqué par le tracé.

La position de l'échantillon étant trouvée exacte, on l'assure par des clous enfoncés sur le chapeau du chantier. On jette de la terre à chaper sur l'échantillon contre le modèle pendant qu'on le fait tourner. La terre s'attache aux parties faibles, et peu à peu le modèle est amené aux dimensions voulues. On le sèche ensuite comme la première fois.

La dernière couche du modèle se fait avec la terre fine qu'on applique comme la couche précédente. La terre fine bouche toutes les fissures qui se sont produites par le retrait de la matière ; elle sert à mettre exactement le modèle aux dimensions voulues et à parer sa surface.

Après un nouveau séchage, on enlève au ciseau une certaine portion de terre vers l'extrémité du faux bouton, de manière à façonner le carré. On peut éviter cette opération en appliquant contre le faux-bouton un modèle en bois, percé d'un trou pour le passage du tourillon du trousseau, et représentant le carré qu'on veut obtenir.

Le modèle est enduit de lessive de cendres, qu'on étend avec un pinceau à longs poils. On fait ensuite évaporer par la chaleur l'eau contenue dans la lessive.

Il ne reste plus qu'à placer les modèles des parties saillantes, telles que les tourillons, pour pouvoir commencer le moulage.

Le modèle de la masselotte se fait comme celui du corps de la pièce.

ARTICLE II.

MODÈLES DES TOURILLONS. — LEUR POSE.

Modèles des tourillons.

Les deux modèles des tourillons sont de bois, munis chacun de l'embase correspondante. Ces pièces sont d'abord tournées ; le menuisier fait ensuite le raccordement de l'embase avec le corps de la bouche à feu. On leur donne une forme tronconique (fig. 8, planche VIII), pour en faciliter le dépouillement.

Les tourillons étant fort souvent le réceptacle de laitiers et de corps étrangers qui s'y accumulent lors de la coulée, on leur met à la partie supérieure (quand la pièce est verticale) une rencharge où les parties impures peuvent venir se loger. Les parties excédantes sont ensuite enlevées lors du tournage des tourillons.

Les modèles des tourillons et de leurs embases sont quelquefois trop volumineux pour pouvoir être facilement retirés du moule. Dans ce cas, on les divise dans le sens de leur longueur, en 3 ou 4 parties, chacune d'inégale épaisseur, de sorte que l'une d'elle au moins ait une dépouille qui permette de l'enlever facilement par l'intérieur du moule : les autres parties n'étant plus resserrées, peuvent ensuite être dégagées successivement. Les pièces du modèle sont d'ailleurs assemblées en coulisses en queue d'aronde.

On se fera une idée du système en pensant aux formes des bottes.

Afin de placer aisément les modèles des tourillons dans les positions qui leur conviennent, chacun d'eux contient des remarques indiquant leur intersection avec :

1° Le plan passant par l'axe et parallèle à celui de la pièce.

2° Le plan passant par l'axe et perpendiculaire à celui de la pièce.

Ainsi, *abcd* représentant la coupe du modèle de tourillon par le plan passant par l'axe parallèlement à celui de la pièce et projeté en *de* (fig. 2), le modèle du tourillon portera les marques des lignes *ac* et *bd* (fig. 8).

De même *efgh* étant la coupe du modèle du tourillon par le plan projeté en *ab* (fig. 2), le modèle indiquera les lignes *ef* et *gh* fig. 8).

Pose des modèles des tourillons.

On indique sur le modèle de la pièce son intersection avec deux plans diamétraux perpendiculaires entre eux. Nous n'entrerons pas dans le détail des procédés qui conduisent à l'exécution des tracés de ces plans, et qui sont fondés sur des considérations géométriques. Nous nous contenterons de dire qu'à la fonderie de Liége, ces intersections sont obtenues en s'aidant de deux colliers, tels que celui (fig. 7).

ln, diamètre fictif du demi-cercle *lkn*,

yz, côté parallèle au diamètre *ln*.

kx, prolongement du rayon perpendiculaire sur *yz*.

mm', droite parallèle à *kx* et distante d'une quantité égale à l'abaissement des tourillons.

Ces deux colliers sont posés sur le modèle, en des places où ils l'embrassent exactement : le côté *yz* horizontal, le plan du collier perpendiculaire à l'axe de la pièce, ce qu'on vérifie par des cercles *cf*, *c'f'* (fig. 2) tracés sur le modèle : les positions des points *l*, *k*, *n* (fig. 7) marquées sur le modèle de la pièce, et unies deux à deux par une droite tirée avec une règle et une pointe à tracer.

Ayant indiqué sur le modèle la droite *gh* (fig. 2), intersection d'un des plans diamétraux, on tire la droite *de*, indiquant la trace du plan passant par l'axe du tourillon parallèlement à celui projeté en *gh*.

On trouve deux points de cette droite *de*, au moyen du point *m* (fig. 7), qu'on repère sur le modèle, etc., etc.

On trace sur le modèle le cercle *ba* (fig. 2) passant par l'axe des tourillons.

Cela fait, on prend le modèle de tourillon (fig. 8), et on l'applique sur celui de la pièce, de sorte que :

Les lignes *ac*, *bd* (fig. 8), viennent rencontrer la droite projetée en *de* (fig. 2), et que les lignes *ef*, *gh* (fig. 8), aboutissent au cercle projeté en *ab* (fig. 2).

Quand la position du tourillon a été trouvée, il ne s'agit plus que de l'y fixer. Le menuisier perce avec une tarrière un trou dans le modèle du tourillon et jusque dans le trousseau en traversant les couches de terre et les nattes de foin. Il fait ensuite passer un boulon dans le modèle et le fixe en engageant le bout fileté dans la cavité percée dans le trousseau.

Pour s'assurer de la perpendicularité de l'axe des tourillons sur celui de la pièce, on mesure la distance à la plate-bande de culasse de deux points symétriquement placés sur chacun des modèles. Ces deux distances doivent être égales.

ARTICLE III.

CONFECTION DU MOULE.

Confection du moule du corps de la pièce.

Dans le moulage en terre, le modèle de la culasse et celui du corps de la pièce ne font qu'un, mais leurs moules forment deux parties distinctes.

Le modèle étant sur son chantier, on dépose sur la partie relative au corps de la pièce une couche mince de terre sablée, pendant qu'on fait tourner le trousseau, comme dans la confection du modèle. Sur cette couche on en applique immédiatement une seconde composée de terre à chaper pour renforcer la première. On laisse sécher ces deux couches à l'air.

On étend une seconde couche de terre à chaper, ayant pour objet de remplir les gerçures de la première.

Le moule est ensuite séché, soit sur place, soit dans une étuve, puis on le recouvre d'une ou de deux couches successives de terre à chaper selon le calibre. Pour les relier les unes aux autres, on pratique, avec les doigts ou avec une cheville de bois, de petits trous ou raies sur chaque couche dès qu'elle est terminée. On renforce les surfaces extérieures en les recouvrant de filaments de chanvre.

Pour achever le moule du corps de la pièce, on met deux couches de terre forte consolidées avec du chanvre.

Il faut avoir soin de faire sécher modérément le moule avant chaque nouvelle application de terre. Il suffit que la chape ait acquis de la consistance. On prévient par ce moyen les crevasses qui se produiraient sous l'influence d'une forte chaleur.

A mesure qu'on fait le moule, on ménage une gorge pour servir à sa réunion avec le moule de la culasse.

Cette gorge est creusée régulièrement et avec une certaine dépouille, en enlevant au ciseau de menuisier les parties excédantes de terre pendant qu'on fait tourner le trousseau. On dresse aussi l'extrémité du moule sur laquelle doit s'assembler celui de la masselotte.

Lorsque le moule de la pièce est fini, on enduit sa gorge de lessive de cendres, et on y ménage en même temps une petite excavation irrégulière qui doit servir de repère pour assurer sa position identique relativement à la chape de la culasse, lors du renmoulage.

Confection du moule de la culasse.

Le moule de la culasse se fait comme celui de la pièce.

On termine le faux-bouton par une feuillure, destinée à recevoir une rondelle de terre gâchée et séchée, qu'on lutte ensuite pour fermer exactement le moule en cette partie.

Feuillure aux moules des tourillons.

Les tourillons sont moulés jusqu'à la hauteur de la tranche en ménageant un épaulement et un rebord pour former le logement d'une plaque circulaire de terre bien séchée. Quand les moules des tourillons sont secs, on retire les boulons à vis qui fixaient leurs modèles au trousseau.

ARTICLE IV.

DÉMOULAGE, SÉCHAGE ET APPLICATION DE L'ENDUIT.

Démoulage.

Lorsque les moules de la pièce et de la culasse sont terminés et convenablement séchés, on les fait reposer par leur milieu sur une table recouverte de paille, et on enlève le moule de la culasse qui, ayant beaucoup de dépouille, se retire facilement. On applique un coup de masse sur le trousseau au petit bout et on le fait sortir par le gros bout. On déroule les nattes de foin, on détruit la croûte de terre qui les recouvrait et on la fait sortir morceau par morceau en ménageant le moule. Les modèles des tourillons se retirent par l'intérieur.

Le procédé suivant est utilement employé pour détacher du moule la croûte formée par la terre du modèle. On pratique avec un ciseau de menuisier deux rainures dans cette croûte, suivant les génératrices opposées aux extrémités d'un même diamètre. On fait l'entaille avec précaution pour ne pas toucher au moule. Lorsque ces rainures ont été faites sur une certaine longueur, la croûte qu'elles sillonnent, s'affaisse d'elle-même et s'enlève facilement.

On répare le moule, on fait disparaître les parties du modèle qui y sont restées, ainsi que les cendres de la lessive qui ont pu y adhérer. On applique une couche de terre fine, avec laquelle on bouche toutes les fissures, et on pare la surface.

Séchage du moule et application de l'enduit.

On fait sécher le moule plus fortement que précédemment, dans une étuve. On l'enduit ensuite de jus de crottin puis d'enduit noir, on bouche les tourillons par des plaques de terre séchée qu'on fait tenir avec de la terre gâchée, puis on remet le moule dans l'étuve, où il reste jusqu'au moment de l'enterrage.

ARTICLE V.

ENTERRAGE DU MOULE.

Les moules en terre des pièces de fonte n'ont pas de ferrures à la fonderie de Liége. Il n'en était pas ainsi autrefois. Les moules étaient renforcés de ferrures, comme cela se voit encore dans la plupart des fonderies; on les enterrait dans des fosses ou puits à proximité des fourneaux. Pendant les préparatifs pour l'enterrage et pour la coulée, l'humidité du sol pouvait gagner le sable damé autour du moule et le moule lui-même. Lors de la coulée, les ferrures se tourmentaient par l'énorme chaleur transmise par le métal en fusion : des fissures pouvaient se former dans la chape et livrer passage au métal liquide. L'humidité des terres damées se vaporisant subitement, des explosions dangereuses étaient à craindre.

On a apporté à la fonderie de Liége deux perfectionnements dans le moulage en terre.

1° Les moules ont été enterrés dans des châssis de fonte, et soustraits ainsi à l'influence de l'humidité du sol.

2° On a supprimé les ferrures dans les moules des pièces de fonte. Il est reconnu que le moule acquiert une grande résistance par le sable comprimé qui l'entoure dans la fosse.

D'ailleurs la fonte n'est pas assez fluide pour pénétrer dans la chape, à moins qu'il n'y ait des fissures.

Les moules des pièces en fonte sont donc moins exposés à s'élargir et n'ont pas besoin de ferrures qui sont indispensables quand on coule le bronze.

Voici les dispositions qu'on prend pour l'enterrage.

On commence par le moule de la culasse qu'on a fermé au carré du faux-bouton par une plaque de terre séchée et soudée avec de la terre pétrie.

On met ce moule dans un châssis de culasse de grandeur suffisante et on foule du sable entre le moule et le châssis. On place ce châssis dans la partie de la fosse à canon où la coulée doit avoir lieu, la bride circulaire horizontale. On fait descendre (en s'aidant de la grue) le moule du corps de la pièce sur celui de la culasse en faisant entrer la gorge de l'un dans la feuillure de l'autre, et faisant coïncider les marques destinées à servir de repère pour assurer la position relative de l'un et de l'autre.

On entoure la ligne de séparation des deux moules d'un cordon de chanvre légèrement tordu pour empêcher l'humidité de gagner l'intérieur par cette espèce de fissure. On lutte sur ce cordon les joints des deux moules par un peu de terre gâchée. On place un second châssis sur celui de la culasse. Pour y parvenir, on le désassemble dans ses deux demi-châssis : on place ces derniers successivement sur la bride circulaire du châssis de culasse, puis on les réunit par les boulons à clavettes. Par ce moyen, on évite l'obstacle des tourillons.

On remplit de sable comprimé l'intervalle entre le châssis et le moule et l'on continue à superposer les demi-châssis, à les assembler 2 à 2 et à fouler du sable entre leurs parois et le moule jusqu'à ce qu'on arrive à la partie supérieure du bourrelet.

On assemble le moule de la masselotte avec celui de dessous ; on lutte le joint comme on a fait pour la culasse. On entoure le moule de la masselotte d'un châssis et on remplit de sable damé le vide laissé entre eux.

On doit avoir l'attention en enterrant le moule de la culasse de le placer de telle sorte que le bord supérieur soit bien horizontal, afin que le moule tout entier soit vertical.

Dans cette position les parois sont moins exposées aux chocs obliques du métal en fusion.

Le foulage du sable doit se faire uniformément, par de légers coups de pilon, en évitant de toucher la chape.

Le châssis qui contient le moule de la culasse, doit être solidement appuyé sur une plaque de fonte ou consolidé par du sable bien damé.

CHAPITRE V.

MOULAGE MIXTE DES PIÈCES DE FONTE.

ARTICLE III.

CONFECTION DU MODÈLE.

Le modèle dans le moulage mixte est le même que pour le moulage en terre, à l'exception :

1° Que la couche de terre qui recouvre le trousseau et principalement la couche de terre forte, est plus épaisse. Le modèle dans le moulage mixte devant résister à la compression produite par le sable du moule qui est fortement foulé, il convient d'en augmenter la consistance par une plus forte épaisseur de la croûte de terre.

2° Que le modèle est enduit d'une lessive de mine de plomb, au lieu de lessive de cendres. Nous avons déjà fait ressortir les avantages de la lessive de mine de plomb et les motifs qui permettent de l'employer dans le moulage mixte des pièces de fonte. L'enduit étant séché, on donne un grand poli au modèle en le parant avec une petite truelle, ce qui aide beaucoup à le retirer du moule.

Cas particulier où le modèle a une culasse en bois.

Lorsqu'on doit couler plusieurs pièces de même calibre, il est plus avantageux de faire une culasse de bois et de terminer le modèle du corps du canon par la partie où commence cette culasse.

La culasse étant faite au tour ne demande pas beaucoup de façon et coûte peu. On la compose quelquefois de deux parties, la culasse proprement dite et le bouton avec le faux-bouton, comme aux modèles en métal. Dans ce cas, la culasse et le bouton s'adaptent l'un à l'autre par gorge et feuillure et sont reliés par un boulon à écrou, de la même manière que les modèles en métal.

D'autres fois, la culasse et le faux-bouton sont d'une pièce, mais au lieu d'un rétrécissement au collet du bouton, celui-ci est raccordé au cul de lampe par un tronc de cône pour faciliter le dépouillement. On enlève plus tard, sur le tour, les parties excédantes de la pièce.

Modèle de la masselotte.

Le modèle de la masselotte se fait comme celui du corps du canon. Mais le plus souvent il est formé d'un bloc de bois convenablement façonné.

Modèles des tourillons et des parties saillantes sur le corps de la pièce.

Les modèles des parties saillantes autres que les moulures, sont de bois et contournés de manière à faciliter leur enlèvement du moule après la sortie du modèle du corps de la pièce.

Les modèles en bois des tourillons sont fixés au trousseau par des boulons à vis comme dans le moulage en terre : boulons qu'on retire quand les tourillons sont moulés jusqu'à la tranche.

Les modèles des autres parties saillantes sont également en bois, mais placées le plus souvent dans une entaille faite sur le modèle lors du moulage.

Avec un peu de précaution, cette entaille ou ce logement de la base de ce modèle suffit pour en assurer la position pendant qu'on le moule.

Le plus souvent les masses de mire ne sont pas coulées en même temps que la bouche à feu ; mais ce sont des pièces rapportées par l'ajusteur.

Quand le modèle de culasse est en bois, il porte les parties saillantes qu'on peut dévisser par la grande base.

D'après ce qui vient d'être dit, on comprendra les dispositions à prendre pour les diverses parties saillantes du modèle, que peuvent présenter les tracés de bouches à feu.

ARTICLE II.

CONFECTION DU MOULE LORSQUE LE MODÈLE EST ENTIÈREMENT EN TERRE.

Quand le modèle est entièrement en terre, on le dispose verticalement, la volée en bas, lors du moulage. Voici de quelle manière on procède.

On descend le modèle dans la fosse à canons à l'aide de la grue, la culasse en haut. On le fait reposer par la tranche sur une pièce de bois horizontale qu'on recouvre d'un peu de sable pour éviter les dégradations. Un trou percé dans le bois, permet le passage du tourillon du trousseau du côté du bourrelet. On s'assure que dans cette position l'axe du modèle est vertical. On place le châssis du bourrelet de manière qu'il soit partout également distant du modèle : on remplit de sable comprimé l'intervalle qu'ils laissent entre eux. On scie le modèle suivant le plan de la bride circulaire supérieure du châssis en faisant l'entaille assez profonde pour qu'elle arrive jusqu'au trousseau.

Cette opération s'exécute chaque fois que le moule d'une partie de châssis est terminé. Nous n'en parlerons plus.

Le châssis de la volée est déposé sur celui du bourrelet et en est séparé par 3 petites calles (pour le retrait du sable). Le moulage se poursuit d'ailleurs de la même manière que pour le moulage en sable avec modèle en métal, à l'exception qu'on finit par la culasse au lieu du bourrelet.

Pour placer chaque châssis, on le désassemble suivant les brides longitudinales. On dépose chacune des parties sur le demi-châssis inférieur correspondant, puis on réunit d'abord ces parties entre elles et ensuite au châssis de dessous.

On enlève les boulons qui fixent les modèles des tourillons avant qu'ils ne soient entièrement recouverts de sable.

ARTICLE III.

CONFECTION DU MOULE LORSQU'IL Y A UN MODÈLE DE CULASSE EN BOIS.

Lorsqu'il y a un modèle de culasse en bois, on commence par mouler cette partie comme dans le moulage en sable sur modèle en métal, puis on renverse le châssis de culasse contenant son modèle, le bouton en dessous. On dépose le châssis dans la fosse à canon, de sorte que son plan supérieur soit horizontal.

On enlève le tourillon du côté du gros bout du trousseau.

On descend le modèle en terre la volée en haut : on le fait reposer verticalement sur le modèle de culasse. On place sur le châssis de la culasse celui du renfort désassemblé suivant les brides longitudinales : on en réunit les deux moitiés : on place les 3 petites calles entre les brides circulaires des deux châssis, et on remplit de sable comprimé l'intervalle entre le châssis et son modèle.

Arrivé au plan supérieur du châssis du renfort, on scie le modèle suivant ce plan jusqu'aux nattes de foin. On place le châssis du 2[d] renfort sur celui du premier on les sépare par 3 petites calles, et l'on continue ainsi qu'il a été expliqué au paragraphe précédent pour le moulage mixte sur modèle entièrement en terre

ARTICLE IV.

DÉMOULAGE, SÉCHAGE ET APPLICATION DE L'ENDUIT.

Démoulage.

Pour démouler, on ôte les clavettes des boulons qui réunissent le châssis de culasse à celui du 1er renfort, et on les sépare. Cette opération est facile parce que la culasse a une grande dépouille.

Le châssis du corps du canon étant disposé la volée en haut, on le fait reposer par sa partie inférieure sur deux chevalets laissant entre eux un passage pour le trousseau. Un coup de masse appliqué au petit bout du trousseau le fait descendre.

On désunit le châssis du bourrelet et celui de volée après avoir enlevé les clavettes qui les relient.

Les tresses de foin ayant dû être coupées à la jonction des deux châssis quand on a scié le modèle lors du moulage, on n'a qu'à rompre celles qui pourraient encore tenir aux deux parties.

Le châssis du bourrelet est transporté dans le trou de moulage pour servir à l'exécution du moule de la masselotte. La croûte de terre qui est restée ainsi que les tresses de foin offrent un appui suffisant au modèle de cette dernière partie de la pièce et permettent de procéder comme dans le moulage en sable sur modèle en métal. Ce n'est qu'après cette opération qu'on débarrasse le moule du bourrelet de la portion du modèle qui y est restée.

Les divers châssis du moule sont enlevés successivement, en commençant par le haut.

Pour vider chaque moule, on déroule les tresses de foin; on fait tomber les parties les plus grossières de la croûte de terre. On fait adroitement, à l'aide d'un ciseau de menuisier, un sillon dans la couche de terre jusqu'au moule, mais sans le dégrader, et on enlève les parties du modèle par grandes surfaces.

Les modèles des parties saillantes se retirent par l'intérieur comme il a déjà été expliqué.

La réparation des petites dégradations se fait comme dans le moulage en sable sur modèle en métal.

Séchage et application de l'enduit.

On enduit les moules d'une couche de jus de crottin avant de les faire sécher dans l'étuve. Au sortir de celles-ci, les moules reçoivent encore une couche de jus de crottin, puis une application d'enduit noir et sont rentrés dans l'étuve mais en les soumettant à une moindre chaleur que la première fois. En quelques mots le séchage et l'application des couches de jus de crottin et d'enduit noir sont les mêmes que dans le moulage en sable sur modèle en métal.

CHAPITRE IV.

MOULAGE EN SABLE DES PIÈCES DE BRONZE.

ARTICLE I.

CONFECTION DU MOULE.

Modèles et châssis.

Les modèles et les châssis sont les mêmes que pour les pièces de fonte, mais en tenant compte des anses et autres particularités que peuvent présenter les formes des bouches à feu.

Les anses sont coulées pleines pour éviter les soufflures et les cendrures qu'on rencontre souvent dans cette partie de la pièce. Le devant des anses est raccordé par une légère courbure avec le corps du modèle pour faciliter la sortie des laitiers et des charbons qui auraient pu s'y introduire lors de la coulée.

Le châssis du 2[d] renfort contient des boîtes pour le logement des tourillons ainsi que pour les anses. Elles sont également fermées, après le moulage par des plaques de fer fixées sur les brides qui les contournent par des boulons à écrous ou à clavettes.

Matériaux employés.

Les matériaux sont ceux décrits au Livre II, chapitre IV. Ils ne diffèrent de ceux employés au moulage en sable des pièces de fonte, que par le sable de moulage qui ne contient pas de coke, et par la potée de cendres dont on se sert au lieu d'enduit noir.

Nous avons déjà expliqué les raisons de ces différences.

Exécution du moule.

Les procédés de moulage, sont identiques à ceux usités pour le moulage en sable des pièces de fonte.

Après le démoulage, on peut enduire les moules de jus de crottin ainsi que cela se fait pour les pièces de fonte. Mais le sable ne renfermant pas de coke, possède généralement une consistance qui permet de se passer de cet enduit. On y trouve l'avantage de ne pas introduire de l'humidité dans le moule et d'être ainsi dispensé de la faire évaporer.

Après le démoulage, on introduit les moules dans l'étuve où ils passent 36 heures au moins.

On les soumet ensuite à l'opération de la cuite, ainsi qu'il va être expliqué.

ARTICLE II.

CUITE DES MOULES.

La cuite a pour objet de débarrasser les moules des dernières traces d'humidité qu'ils pourraient contenir.

Au sortir de l'étuve, on les arrange pour cette opération dans l'atelier des fondeurs, de sorte que le feu ne puisse être communiqué au bâtiment.

On fait reposer les divers moules sur des pieds à chevilles (fig. 9, pl. IV), qu'on fixe à la bride circulaire inférieure des châssis. Par cette disposition, les moules étant élevés à une petite hauteur au dessus du sol, sont transformés en une sorte de fourneaux. On recouvre leurs bords supérieurs d'une couche de sable de 0,02 à 0,03 d'épaisseur pour les garantir de l'action inégale de la chaleur et pour les empêcher de s'égrener.

On introduit des bûchettes de bois dans les moules et on les allume par le bas. Le feu est conduit lentement pendant la première heure ; puis il est activé jusqu'à ce que l'intérieur soit à la température du rouge blanc. On l'entretient par l'introduction de nouvelles bûchettes, pendant 4 ou 5 heures. Les braises développant une grande chaleur pourraient vitrifier par leur contact la partie inférieure des moules, si l'on n'avait la précaution de les enlever de temps en temps. Lorsque la cuite approche de sa fin, on ferme les ouvertures supérieures par une feuille de tôle, et on laisse le refroidissement se faire lentement pour éviter les crevasses et les gerçures. On reconnait que la cuite a été faite à une chaleur convenable lorsque le moule présente l'aspect de la brique.

ARTICLE III.

APPLICATION DE LA POTÉE DE CENDRES ET SÉCHAGE DU MOULE.

Application de la potée de cendres.

La cuite étant terminée et les moules étant ramenés à une chaleur très-douce, on les enduit de potée de cendres, avec laquelle on bouche en même temps toutes les petites fissures.

Séchage.

Immédiatement après l'application de la potée les moules sont réunis dans l'étuve où ils passent encore une nuit, mais exposés à une chaleur moins élevée que la première fois.

CHAPITRE V.

MOULAGE EN TERRE DES PIÈCES DE BRONZE.

ARTICLE I.

CONFECTION DU MODÈLE.

Le modèle se fait par les mêmes procédés que dans le moulage en terre des pièces de fonte.

Pour déterminer la position des anses sur le modèle, on se sert de la *sellette,* pièce de bois évidée en dessous suivant la surface du modèle de la bouche à feu et dont les côtés latéraux *ac, bd* (fig. 9, planche VIII), ont l'inclinaison que doivent prendre les modèles des anses.

ef, *e'f''*, lignes tracées sur la sellette et indiquant le plan de symétrie perpendiculaire à l'axe des tourillons.

gh , ligne marquée sur la sellette et indiquant le plan passant par le milieu des anses et perpendiculaire à l'axe du modèle.

A l'aide des lignes gh, ef et $f'f'$, et de celles semblables tracées sur le modèle du corps de la bouche à feu, il est facile de placer la sellette.

On applique le modèle des anses contre les côtés de la sellette, en fesant coïncider leurs milieux avec la droite gh. Les modèles des anses sont ensuite fixés par des boulons à vis qui pénètrent jusque dans le trousseau comme pour les tourillons.

ARTICLE II.

CONFECTION DU MOULE, DÉMOULAGE, CUITE ET CENDRAGE DU MOULE.

Confection du moule.

Le commencement du moulage est identique à celui en terre des pièces de fonte, à l'exception que la première couche au lieu d'être de terre sablée, est de terre à chaper comme les couches suivantes. Après avoir appliqué par les procédés ordinaires 5 à 6 couches d'après le calibre, on superpose des couches de terre forte jusqu'à ce que la chape ait 0,04 à 0,05 d'épaisseur. On la renforce de ferrures, et c'est en cela que le moulage des pièces de bronze diffère principalement de celui pour les pièces de fonte.

Les ferrures se composent de barres de fer longitudinales (fig. 5 et 6, planche VIII), munies d'anneaux à leurs extrémités et reliées par des bandes de fer repliées en cercle et ayant leurs bouts recourbés en crochets. On pose les barres de fer à plat sur la chape du corps du canon suivant le sens de sa longueur , on les recouvre des bandes circulaires dont on réunit les bouts en crochets par des liens en fil de fer pour resserrer les cercles sur les barres de fer. Les anneaux dont celles-ci sont munies, sont destinés à faciliter le maniement de la chape, qui devient très-lourde. On remplit exactement avec de la terre forte les joints entre les ferrures et le moule, puis on continue d'appliquer d'autres couches de la même matière, qu'on fait sécher successivement, en ayant soin d'étendre des filaments de chanvre sur ces terres quand elles sont encore molles.

Une partie des barres de fer longitudinales sont repliées à angles droits sur les moules des tourillons, de manière à en assurer la solidité. Plus tard, lorsque le moule sera débarrassé du modèle, on formera les ouvertures des tourillons par des plaques circulaires en terre cuite qu'on recouvrira de brides de fer.

Les ferrures du moule de la culasse sont contournées suivant la forme de cette partie. On fait coïncider les extrémités de 4 ou 6 barres de fer du moule du corps de la pièce avec autant de ferrures du moule de la culasse pour avoir la facilité de les réunir lors du renmoulage.

Le moule devenant très-lourd, pourrait faire fléchir le trousseau et fausser les tourillons; on le soutient dans son milieu par un pointal dans toutes les occasions où on ne le fait pas tourner.

Démoulage.

Lorsque les moules sont terminés et séchés (ils ont alors une épaisseur de 0,09 à 0,10), on détache et on enlève celui de culasse, on fait sortir le trousseau, on déroule les nattes de foin, on détruit la croûte de terre qui recouvrait le modèle, etc., etc.; on procède pour l'enlèvement des débris du modèle absolument comme dans le moulage en terre des pièces de fonte, à l'exception de la cuite et du cendrage.

Cuite et cendrage du moule.

Lorsque les moules sont dépouillés de leurs modèles, on les fait sécher dans l'étuve, puis on les pare à l'intérieur avec de la terre fine avec laquelle on bouche aussi toutes les petites gerçures. Après une seconde ou une troisième nuit passée dans l'étuve, on procède à la cuite.

La cuite se fait avec des bûchettes de bois comme dans le moulage en sable des pièces de bronze.

La potée de sable s'applique de la même manière, le séchage dans l'étuve est le même.

ARTICLE III.

ENTERRAGE DU MOULE.

On creuse dans la fosse à canons, dans la place où la coulée doit se faire, une cavité de la profondeur nécessaire pour que le moule de la pièce y compris celui de la masselotte n'atteignent pas les bassins et les chenaux pour la coulée.

On dépose dans cette cavité le moule de la culasse, le bouton en bas; le dessus bien horizontal. On l'entoure d'un châssis de fonte d'un très-grand diamètre, qu'on fait bien appuyer sur le sol. On remplit de sable comprimé l'intervalle entre le moule de la culasse et le châssis.

Pendant ce temps ou un peu avant, on ferme les tourillons par deux disques en terre cuite qu'on fait entrer dans les logements préparés à cet effet. On les lutte soigneusement et on les relie par des croix en fer aux ferrures de la chape.

On fait sécher la terre qui a servi de ciment, soit par des réchauds portatifs, soit dans l'étuve.

Le moule du corps de la pièce est ensuite descendu sur celui de la culasse et assemblé avec lui à gorge et feuillure. Des liens en fil de fer réunissent les extrémités des barres de fer de l'un et l'autre moule qui se correspondent. On entoure d'un cordon de chanvre très-peu tordu la ligne de séparation des deux moules, pour empêcher l'humidité de pénétrer par leur jonction : on lutte sur ce cordon avec de la terre à chaper; puis on fait sécher par des réchauds portatifs.

Lorsque ces opérations sont terminées, on continue l'enterrage : on pose un second châssis sur le premier, puis les autres successivement, en remplissant de sable bien damé l'intervalle entre eux et la chape.

Arrivé à la hauteur du bourrelet, on superpose le moule de la masselotte et on réunit par du fil de fer les extrémités correspondantes les ferrures de l'un et de l'autre moule. On recouvre la ligne de séparation par un cordon de chanvre peu tordu, on lutte avec de la terre à chaper, on fait sécher par des réchauds portatifs et l'on continue de poser des châssis et de remplir de sable damé le vide entre eux et la chape. Si les mesures sont bien prises, la partie supérieure du moule et du châssis sera de 0,20 à 0,30 en dessous du fond du bassin de coulée.

Le sable avec lequel on entoure le moule dans son châssis doit être légèrement humide, ce qui le rend plus facile à comprimer; mais il ne doit avoir que l'humidité nécessaire, afin de prévenir les défauts et les accidents qui pourraient résulter de sa vaporisation lors du remplissage du moule.

L'enterrage demande beaucoup de soin et d'uniformité : il faut redoubler d'attention à la hauteur des anses et des tourillons pour ne pas briser ces parties peu résistantes. On dame avec des pilons en fer légèrement chauffés pour que le sable n'y adhère pas. On les change quand ils sont refroidis.

CHAPITRE VI.

MOULAGE MIXTE DES PIÈCES DE BRONZE.

ARTICLE I.

CONFECTION DU MODÈLE.

Le modèle se fait de la même manière que pour le moulage mixte des pièces de fonte; c'est-à-dire que la croûte de terre est plus épaisse que pour le moulage en terre, afin que le modèle soit plus dur.

La pose des anses se fait comme il a été expliqué pour le moulage en terre.

Le modèle est enduit de lessive de mine de plomb.

ARTICLE II.

CONFECTION DU MOULE, DÉMOULAGE, CUITE ET CENDRAGE DU MOULE.

On moule la pièce comme dans le moulage mixte des pièces de fonte, mais avec du sable préparé sans coke.

Le séchage, la cuite, le cendrage avec la potée de cendres, sont les mêmes que dans le moulage en sable des pièces de bronze.

CHAPITRE VII.

MOULAGE A NOYAU DES GROS MORTIERS DE 0,29.

ARTICLE I.

RAISONS QUI ENGAGENT A COULER A NOYAU LES GROS MORTIERS DE BRONZE. — DESCRIPTION DU TOUR A MOULER VERTICAL DE LA FONDERIE DE LIÉGE.

Raisons qui engagent à couler à noyau les gros mortiers de bronze.

Les gros mortiers de bronze, tels que ceux de 0,29, ont de fort grands diamètres. Ils présenteraient une masse énorme de métal si on les coulait pleins : la solidification en serait retardée. Le refroidissement se faisant plus lentement, l'étain se séparerait du cuivre en plus grande quantité, et il y aurait une altération notable dans le titre de ces pièces. On remédie à cet inconvénient, en coulant les mortiers à noyau et la volée en bas, afin de donner au noyau un appui solide. L'ame des gros mortiers étant courte et ayant un grand diamètre, on conçoit qu'il est possible de se passer de chapelets. Les inconvénients du coulage à noyau étant écartés, il n'en reste que les avantages.

La fonderie de Liége n'a pas encore coulé de mortier de 0,29 en bronze, mais elle possède un tour vertical avec lequel on a moulé des modèles de mortiers à plaque, des cylindres de machines à vapeur et des mortiers de fonte coulés pleins. On peut donc établir par analogie les procédés qu'on pourrait suivre si l'on avait des mortiers de 0,29 à fabriquer.

Description du tour à mouler vertical.

AB (fig. 1, planche V), arbre vertical en fer susceptible de prendre un mouvement de rotation.

A, pivot inférieur de l'arbre, reçu dans une crapaudine.

B, partie cylindrique de l'arbre servant de tourillon supérieur et maintenu par des coussinets à un châssis horizontal FC (fig. 1), CBC′ (fig. 2).

EC (fig. 1), CBC′ (fig. 2), châssis horizontal en fer attaché à la muraille par deux charnières c, c′.

MN (fig. 1 et 2), tirant en fer servant à consolider le châssis dans la position horizontale.

Lorsqu'on veut enlever l'arbre AB, on défait les boulons qui resserrent les coussinets sur le tourillon B; en ôtant l'un de ces coussinets, l'arbre AB se trouve dégagé.

ED (fig. 1), cadre rectangulaire en fonte ayant à l'un de ses petits côtés deux ouvertures pour le passage de l'arbre AB, sur lequel on le fixe à une hauteur quelconque par deux vis de pression.

HI (fig. 1), échantillon vertical profilé suivant l'objet à mouler, fixé au cadre ED par des boulons à écrous.

KL (fig. 1), arc boutant servant à consolider l'échantillon.

ARTICLE II.

CONFECTION DU NOYAU.

On commence le moulage du mortier par le noyau; on fait ensuite successivement le modèle sur le noyau, et la chape sur le modèle. En détruisant celui-ci et enlevant les débris, il reste le noyau et le moule.

Nous allons décrire ces diverses opérations.

On place horizontalement un anneau circulaire en fonte OO′, P′P (fig. 1), en fesant correspondre le milieu avec l'axe de l'arbre vertical AC du tour.

En dessous de cet anneau, on arrange une espèce d'âtre ou de foyer RS avec plusieurs soupiraux pour le tirage, et l'on y fait un feu de charbon de bois pour sécher le noyau, le modèle et le moule, à mesure qu'on les exécute. On prépare une base en briques TU, T′U′ sur l'anneau en employant la terre fientée en guise de mortier, et on fait cette base suffisamment large pour servir d'appui ou de portée au noyau et au moule.

On fixe l'échantillon HI sur le châssis de l'arbre vertical et on le fait tourner pour s'assurer que cette base est parfaitement dressée. On ménage en même temps l'emboîtement du moule.

L'intérieur du noyau se fait en briques bien cuites, taillées circulairement et scellées avec de la terre à chaper. On laisse au centre du noyau le plus grand vide possible pour faciliter et hâter le séchage. Les briques ont l'avantage de rendre le noyau plus solide et d'accélérer le travail.

On recouvre ces briques de terre à chaper, contournée avec l'échantillon suivant le profil voulu. On fait une feuillure à la partie supérieure du noyau, destinée à recevoir un disque de terre cuite, pour fermer cette partie lorsque le moulage sera terminé.

Le noyau étant sec, on en bouche les fissures avec de la terre fine, ou on en égalise la surface en manœuvrant l'échantillon, et on le fait sécher.

ARTICLE III.

EXÉCUTION DU MODÈLE.

Pour faire le modèle sur le noyau, on recouvre celui-ci de tresses de foin (fig. 3, planche V), avec lesquelles on suit grossièrement le contour indiqué par le tracé. On achève le modèle avec des couches successives de terre forte, de terre à chaper et de terre fine, suivant les procédés qui ont été indiqués pour le moulage en terre. La seule différence qu'il y a, c'est que le modèle est immobile, tandis que c'est l'échantillon qui tourne.

On ménage en même temps un vide au centre du modèle pour le passage de l'arbre vertical A du tour.

Au lieu de contourner le cul du mortier, on fait cette partie cylindrique YZ, parce qu'elle doit se raccorder avec la masselotte.

Les modèles des tourillons, des embases et des renforts sont de bois et divisés de manière à pouvoir être retirés du moule, et assemblés entre eux, soit à coulisses, soit avec des boulons à vis, etc. On maintient ces modèles en place au moyen d'un cadre AB' (fig. 4), formé de deux étriers de fer CD, C'D', resserrés contre les tourillons par les boulons à écrous AB, A'B'. Avec l'aide de ce cadre, les tourillons sont fixés au modèle jusqu'au moment où la chape est assez avancée pour qu'on puisse enlever cette ferrure. Au besoin les modèles sont raffermis dans leur position par des pointes de Paris, chassées dans la terre du modèle.

Le modèle de l'anse est aussi en bois : on le fixe soit avec des pointes de Paris, soit provisoirement avec un cadre, tel que celui (fig. 4), soit en le faisant entrer par sa base dans une excavation pratiquée sur le modèle du mortier.

Le modèle de la masselotte se fait d'une manière semblable sur celui de la pièce, en ménageant au centre un vide pour le passage de l'arbre ; on peut aussi le faire sur un trousseau horizontal.

Le modèle entier étant fini, enduit de lessive de cendres et séché, on procède à la confection de la chape.

ARTICLE IV.

CONFECTION DU MOULE.

Le moule se fait en deux parties, l'une comprenant le mortier jusqu'à la partie YZ (fig. 3, planche V), l'autre relative à la masselotte.

Les chapes sont exécutées par les procédés déjà décrits : elles sont consolidées par des ferrures disposées d'après la forme du modèle, et dont quelques-unes servent à relier les chapes les unes aux autres et à l'anneau circulaire OP qui sert de base à tout le système. Des couches de terre forte recouvrent ces ferrures, comme dans le moulage des canons.

Les deux chapes s'emboîtent par gorge et feuillure. Lorsqu'elles sont suffisamment séchées, on fait le démoulage ainsi qu'il suit.

ARTICLE V.

DÉMOULAGE, SÉCHAGE, CUITE, CENDRAGE ET RENMOULAGE.

Démoulage de la masselotte.

On peut enlever le moule de la masselotte, renfermant encore son modèle, parce que l'emboîtement, avec la partie de dessous, a une dépouille suffisante. Mais on peut aussi, avant de le détacher, dérouler les nattes de foin, détruire et enlever la croûte de terre la plus grossière du modèle, ce qui rend la chape plus légère et plus maniable.

Quoi qu'il en soit des deux procédés, la chape doit être entièrement débarrassée des débris du modèle, réparée avec de la terre fine et séchée comme dans le moulage des canons de bronze.

Démoulage de la pièce.

On fait sortir par l'ouverture YZ, les torches de foin, on détache avec un ciseau de menuisier et on enlève peu à peu la croûte de terre la plus grossière du modèle ; en ayant l'attention de ménager la chape et le noyau. On parvient ainsi à isoler complètement ce dernier. Il est alors facile d'enlever le moule, renfermant les modèles des tourillons, des embases, des renforts, de l'anse, et contenant en outre une mince couche de terre.

Les modèles des parties saillantes se retirent par l'intérieur. Le moule étant entièrement vidé, est réparé avec de la terre fine et séché ensuite.

Cuite et cendrage des moules et du noyau.

La cuite des moules et du noyau se fait par des procédés analogues à ceux employés pour les canons. Il en est de même pour le cendrage de ces parties et pour le séchage qui le suit.

Renmoulage.

On descend dans la fosse aux moules le noyau reposant toujours sur l'anneau de fonte comme sur un socle. On remplit le vide intérieur du noyau avec du sable bien damé et l'on ménage au milieu de ce sable un conduit cylindrique pour la sortie des gaz qui se développent au moment de la coulée. Pour former ce conduit, on place une baguette au centre du noyau pendant qu'on le remplit de sable damé : en la retirant ensuite, la baguette laisse un petit canal à la place qu'elle occupait.

On emploie également une baguette ou une corde qu'on retire après, pour prolonger ce canal en dessous du noyau et au travers du sable damé, jusqu'en dehors des châssis qui renferment le moule.

On ferme le dessus du noyau par un couvercle de terre cuite, engagé dans la feuillure et lutté avec de la terre fientée. On fait ensuite sécher ce couvercle. On agit semblablement pour la fermeture des moules des tourillons et de l'anse.

On superpose successivement les deux moules de la pièce et de la masselotte sur le noyau, en les assemblant entre eux, ainsi qu'à la base du noyau par les emboitements qu'on a ménagés. On les relie par leurs ferrures ; on lutte les joints.

Au fur et à mesure du renmoulage, on entoure les chapes de châssis de fonte qu'on remplit de sable damé.

ARTICLE VI.

MOULAGE HORIZONTAL DES MORTIERS.

Au lieu du moulage vertical, on pourrait employer celui horizontal et mouler sur un même arbre de fer, le noyau, le modèle et la chape. Mais il faut observer que l'ensemble serait très-pesant, et demanderait plus de temps que pour un canon, à cause du noyau. Ce noyau lui-même étant plein, serait plus difficile à sécher.

CHAPITRE VIII.

OBSERVATIONS CONCERNANT LE TRACÉ DU MODÈLE. SOINS A APPORTER DANS L'EXÉCUTION DU MOULE. DÉFAUTS DE COULÉE. MÉTHODES DIVERSES DE COULAGE.

ARTICLE I.

OBSERVATIONS CONCERNANT LE TRACÉ DU MODÈLE.

Les modèles des bouches à feu sont confectionnés d'après un tracé en grandeur naturelle. Les côtes de ces tracés sont celles du dessin de la pièce augmentée de $^1/_{144}$ à $^1/_{192}$. On indique par des lignes de couleur différente (pour qu'elles soient plus visibles) les surépaisseurs qu'on accorde pour le tournage et l'ajustage.

On suit ces dernières lignes pour l'exécution du modèle.

Les pièces de bronze doivent être tournées et ajustées, parce qu'on ne peut les couler avec une surface assez nette. On leur donne un excédant d'épaisseur de $0^m,007$ à $0^m,010$.

On ne tourne pas les pièces de fonte moulées en sable sur modèle en métal, ni celles obtenues par le moulage mixte, à moins que ces dernières ne soient d'un très-grand calibre : car les grosses pièces montrent en général à leur surface des serres et des ondulations très-prononcées.

Les bouches à feu de fonte moulées en terre, doivent être tournées, excepté celles d'un très-petit calibre. Le défaut principal des moules en terre, est de se déformer sous la pression du métal en fusion et de donner des pièces plus ou moins elliptiques.

On accorde environ $0^m,005$, pour la quantité de métal à enlever aux pièces de fonte pour les opérations du tournage et d'ajustage. Ces bouches à feu sont exemptes de soufflures, lorsqu'elles sont coulées dans de bonnes conditions, tandis qu'aux pièces de bronze, l'opération du tournage en fait souvent découvrir un nombre considérable. Il est donc convenable de leur laisser un excédant de métal plus fort qu'aux pièces de fonte.

Les modèles des parties rentrantes du moule, tels que les tourillons et leurs embases, les anses, etc., doivent permettre le dégagement des laitiers et des charbons qui auraient pu s'y introduire, lors de la coulée. A cet effet, on leur donne une rencharge, principalement vers le haut quand le moule est vertical, et l'on raccorde leur surface avec celle de la pièce par une courbure plus ou moins prononcée.

Il serait nuisible de chercher à garantir ces parties rentrantes par un crible, quelle qu'en soit la substance. Ce crible restant dans la bouche à feu, en détruit l'homogénéité, fût-il du même métal : sa fusion ou son ramollissement ne peuvent se faire qu'aux dépens de la chaleur du métal liquide : son interposition entre deux parties de la pièce, ne peut que rendre leur liaison imparfaite et moins solide : des accidents seraient à craindre, si une couche de laitier venait à s'appliquer contre les ouvertures du crible et à les boucher, etc.

L'emploi du crible produirait les inconvénients des chapelets qui ont fait abandonner le coulage à noyau.

Certaines parties saillantes de la pièce doivent présenter des trous, comme les anneaux de braque; il est préférable de les couler pleines et de les forer ensuite à la machine.

La fonte est ordinairement blanchie aux parties minces des canons, telles que les coulisses pour hausses ou visières. Elle est alors difficile à travailler, elle saute en éclats, quand on la taille. Il convient de couler ces parties pleines et de les façonner ensuite au burin et à la lime.

Les pièces moulées en sable sont exposées à de petites bavures et même à des mâchures à la jonction circulaire des châssis. Pour les dissimuler, on fait passer les plans de séparation de ces châssis par les plates-bandes et moulures, lesquelles peuvent être tournées et façonnées au burin et à la lime.

Quelquefois les parties saillantes sont en fer forgé ou en cuivre, ayant une base noyée dans le métal de la bouche à feu. Dans ce cas, ces pièces doivent être adaptées au modèle lors du moulage, et rester dans la chape après l'enlèvement du modèle. Quand ce procédé est impraticable, on adapte, au modèle, des parties saillantes qui sont vissées par l'intérieur et laissent, après le démoulage, des vides dans lesquels on introduit les ferrures.

ARTICLE II.

SOINS A APPORTER DANS L'EXÉCUTION DU MOULE. — DÉFAUTS DE COULÉE DES PIÈCES DE FONTE, DES PIÈCES DE BRONZE.

Soins à apporter dans l'exécution du moule.

En suivant exactement les procédés décrits, on sera dans de bonnes conditions pour le moulage. Certains points méritent cependant de fixer plus particulièrement notre attention.

Les emboîtements des divers tronçons du moule doivent être faits avec toute la précision possible, afin d'éviter des fuites de métal et pour que ces parties assemblées n'aient qu'un seul axe.

Dans le moulage en sable, le tassement doit se faire d'une manière uniforme : cependant la dureté du moule peut aller en diminuant à mesure qu'on approche de la masselotte.

Les moules en terre doivent avoir leurs diverses couches bien soudées les unes aux autres. Il convient de s'en assurer pendant le moulage, et de détruire, pour la remplacer ensuite, la portion de croûte de terre qui adhérerait imparfaitement à la partie qu'elle recouvre.

Tous les moules doivent être séchés graduellement. En voulant hâter la dessiccation par une trop forte chaleur, on n'obtient qu'une dessiccation incomplète, et l'humidité en se vaporisant subitement, fait éclater certaines parties de la chape. Les pièces de bronze sont exposées à de nombreuses soufflures, quand on abrège la durée du séchage. Il n'est pas moins important de soumettre chaque moule au degré de chaleur qui lui convient et pendant le temps nécessaire.

Les défauts de coulée que nous allons indiquer, nous paraissent le meilleur moyen de faire ressortir l'importance des soins qu'exige le moulage.

Défauts de coulée des pièces de fonte.

Loupes. Parties excédantes de métal. Elles proviennent d'une cavité dans le moule.

Tacon. Partie de métal, tenant à la pièce par une base plus ou moins forte, et recouvrant une couche d'enduit, de sable ou d'autre matière étrangère, interposée entre elle et le corps de la bouche à feu. Le tacon est formé par la fonte liquide, qui s'est introduite dans la fissure que laisse une partie soulevée du moule ou de l'enduit, mais non entièrement détachée. En travaillant au burin pour enlever les inégalités que présente ordinairement le tacon, on en détache une partie plus ou moins grande, on met à découvert le sable qui se trouvait dessous, et il en résulte une dépression dans le corps de la pièce.

Les tacons résultent ordinairement d'un enduit peu adhérent, d'un applicage de sable pour réparer mal à propos le moule, d'un petit caillou ou autre corps non réfractaire se trouvant dans la chape et qui, en éclatant, sous l'influence de la chaleur du métal liquide, aura soulevé ou brisé une partie du moule.

On rencontre fréquemment les tacons au cul de lampe, mais ils sont alors produits par la chute du métal en fusion. Les moules des gros calibres ayant plus à souffrir, on est quelquefois obligé, dans le moulage en sable, de faire la culasse avec un sable plus argileux.

Champignons. Partie de métal recouvrant une couche d'enduit, de sable ou d'autre matière étrangère, et n'adhérant au corps de la pièce que par le centre. Le champignon se forme lorsque la couche d'enduit ou une partie du moule se soulève et se fissure vers le centre. Le métal liquide entrant par cette crevasse, se répand entre la paroi du moule et cette couche soulevée. Le champignon est donc de même nature que le tacon et a une origine semblable.

Dépression. Partie déprimée à la surface de la pièce. Elle provient du gonflement d'une certaine partie du moule vers l'intérieur, d'un retrait inégal, d'une masselotte trop petite.

Ondulations. Parties circulaires saillantes à la surface des bouches à feu. Elles sont les suites de l'introduction d'une trop grande quantité de sable à la fois. Lors du moulage, le sable est foulé inégalement : trop à la partie supérieure de chaque couche, trop peu à la partie inférieure. Le moule en cédant inégalement à la pression du métal, détermine des ondulations sur la pièce. Ce défaut arrive le plus souvent avec les gros calibres.

Serres. Parties de la pièce d'un diamètre plus faible, à cause de certaines couches de sable qui ont été trop damées ou à cause d'un modèle trop compressible dans le moulage mixte.

Arcure. Inflexions que forment entre elles les diverses parties d'une pièce. Elles proviennent d'un mauvais renmoulage, les divers moules n'ayant pas été assemblés avec la précision nécessaire. Il est bien essentiel dans le renmoulage que les clavettes resserrant les châssis des moules en sable l'un contre l'autre, soient chassées à fond. Ce défaut peut aussi être occasionné par la présence d'un corps à la jonction de deux moules, lequel corps aura faussé leur position relative.

Il est donc essentiel de veiller à la propreté des emboîtements des divers moules lors de leur réunion.

Cendrures. Parties légères, provenant de laitiers ou de charbons entraînés avec le métal liquide ou de débris de la chape, qui surnagent la fonte dans le moule et se fixent aux parois, le plus souvent à la partie supérieure des tourillons. On les évite en écumant la fonte avant son arrivée dans le moule ; en arrêtant les laitiers, les charbons et autres corps étrangers, lorsqu'ils traversent les écheneaux avec la fonte; en faisant tomber le métal à plein jet, de manière à produire des mouvements et des bouillonnements lorsqu'il arrive à hauteur des tourillons : en donnant de la dépouille aux tourillons et aux autres parties rentrantes.

Gravelures. Parties irrégulières, poreuses, inégales, occasionnées par l'enduit qui n'a pas adhéré au moule.

Écrasements des bords du moule. Parties rentrantes circulaires et remplies de sable sur le corps de la pièce. Ce défaut a lieu dans le moulage en sable, lorsque les calles placées entre deux châssis consécutifs sont trop épaisses.

Le moule ayant trop de longueur pour le châssis, s'écrase sur les bords lors du renmoulage et forme vers l'intérieur une saillie ou bourrelet de sable, qui, restant prise dans la fonte, occasionne une dépression annulaire sur la pièce. On s'en aperçoit quelquefois lors de la coulée. On la fait disparaître avec une perche de bois dont on promène l'extrémité contre la saillie de sable découverte à l'intérieur du moule.

Tourillons blanchis. Ce défaut arrive souvent par l'emploi de certaines fontes ou par un peu d'humidité restée dans le moule. Les fontes de Suède, les fontes manganésifères, celles trop décarburées, donnent souvent des canons dont les tourillons sont blanchis.

Canon difficile à dépouiller. Ce défaut provient d'un moule humide dont la paroi est devenue inégale par le passage de la vapeur d'eau; d'une très-haute température du métal au moment de la coulée, température qui détermine la formation et le passage au travers de la chape d'une certaine quantité de gaz carbonique; d'un enduit mal préparé ou mal appliqué; d'une partie de sable qui ne serait pas réfractaire; ou de l'enduit qui aurait été calciné dans l'étuve par un feu trop violent.

Goutte froide. Partie de fonte extrêmement dure. Pendant la chute du métal liquide dans le moule, certaines parties de fonte peuvent adhérer aux parois en se congelant, il peut en être de même pour des parties qui rejailliraient sur les parois : ces parties congelées se détachent ensuite, surnagent dans les scories, se fixent dans les parties anguleuses et rentrantes du moule et quelquefois dans le corps de la pièce, si la chaleur de la fonte liquide ne les a pas remises en fusion.

Les gouttes froides peuvent aussi provenir d'une partie de masselotte, fortement décarburée dans le fourneau à réverbère et qui, lors de la coulée, ne s'est pas mélangée intimement avec le reste du métal liquide.

Canon ovale. Ce défaut est plus fréquent dans les pièces moulées en terre, un enterrage régulier étant plus difficile, par la grande épaisseur de sable entre le moule et le châssis ou les parois de la fosse. D'ailleurs le moule en terre se tourmente lors du séchage, et prend ordinairement une forme plus ou moins ovale, le poids de la partie supérieure (lorsque le moule est couché) déprimant celle de dessous. Ce défaut arrive presque toujours aux pièces moulées en deux parties, suivant un plan passant par l'axe : dans le moulage en coquille, par exemple. Il peut aussi se rencontrer dans les pièces moulées en sable, les parties longitudinales des châssis, n'ayant pas été bien réunies ou ayant cédé par la rupture d'un boulon, etc. : dans ce cas, il y aurait une bavure et une fuite de métal serait à craindre.

Chambre. Cavité produite par un retrait inégal.

Soufflure. Cavité occasionnée par la présence d'une bulle de gaz qui est restée emprisonnée dans le métal.

Bavure. Métal qui s'est insinué entre les joints de deux parties consécutives du moule, qui ont été mal assemblées ou qui ont cédé lors de la coulée.

Mâchure. Saillie de métal provenant d'une partie de moule, mal assemblée et débordant une autre partie.

Défauts de coulée des pièces de bronze.

Défaut	
Loupe. *Tacon.* *Champignon.* *Dépression.* *Ondulation.* *Serre.* *Arcure.* *Ecrasement.* *Canon ovale.* *Canon difficile à dépouiller.* *Bavure.* *Mâchure.*	Mêmes défauts et mêmes causes que pour les pièces de fonte : ils disparaissent dans le tournage.

Cendrure.
Gravelure.
Chambre.
Soufflur.
} Mêmes défauts et mêmes causes que pour les pièces de fonte.

Sifflets. Sillons dirigés dans le sens de la longueur de la pièce.

Piqûres. Petites chambres, ne présentant pour ainsi dire qu'un point de profondeur. On les rencontre le plus souvent au bourrelet, principalement quand la masselotte n'est pas assez haute ou que le bronze n'est pas assez chaud, lors de la coulée.

Tâche d'étain. Marque blanchâtre qu'on rencontre souvent à la surface extérieure, particulièrement au second renfort dans le voisinage des anses et des tourillons. Les taches dénotent un excès d'étain, dont la proportion est au plus de 25 pour °/₀ d'alliage.

Dureté. Partie dure de la pièce, renfermant ordinairement un excès d'étain.

ARTICLE III.

MÉTHODES DIVERSES DE COULAGE.

Énumération des diverses méthodes de coulage.

Les pièces peuvent être coulées massives (pleines) ou avec un vide correspondant à celui de l'ame, vide qu'on obtient en plaçant un noyau dans l'axe du moule. Le métal peut arriver dans le moule, *directement* par le haut, ou par un canal latéral, aboutissant par un coude ou *siphon* à la partie inférieure. De la combinaison de ces éléments, on déduit quatre méthodes de coulage.

1° Le coulage *plein* et *direct*, qui est celui que nous avons décrit.

2° Le coulage à noyau et direct, tel que nous l'avons expliqué pour les mortiers de 0,29 en bronze.

3° Le coulage plein et à siphon.

4° Le coulage à noyau et à siphon, qui sert presque partout pour la fonte des gros mortiers de bronze.

Le coulage à noyau était autrefois usité pour toutes les bouches à feu. Les noyaux des canons, à cause de leur longueur, devaient être préparés par d'autres procédés que ceux que nous avons décrits pour les mortiers de 0,29. Le coulage à siphon est encore employé pour les mortiers de bronze, ce n'est que par exception, qu'on l'a essayé pour les canons. Il suffira que nous donnions quelques détails sur la confection et le placement du noyau dans le moule, ainsi que sur l'exécution du siphon, pour qu'on soit à même de concevoir toutes les combinaisons de ces deux modes de coulage.

Coulage à noyau.

Le noyau (fig. 5, planche V) est essentiellement composé d'un arbre ou d'un tube de fer, recouvert d'une pâte de cendres ou de terre pétrie, pour préserver le fer du contact du métal liquide et pour en faciliter la sortie de l'ame, après le refroidissement. La couche de pâte de cendres ou de terre, est consolidée par une ou plusieurs enveloppes de fils ou de bandelettes de fer enroulés en spirale autour du noyau. On continue à recouvrir le noyau de pâte, jusqu'à ce qu'il ait acquis les dimensions voulues. On laisse un peu de métal à prendre pour l'alésage, l'ame ne pouvant pas être obtenue avec la rectitude et la précision nécessaire.

Le cendrage et la cuite du noyau se font par des procédés analogues à ceux employés pour les moules des canons de bronze.

Quand l'axe en fer est plein, il convient de ménager plusieurs évents, suivant sa longueur, pour faciliter la sortie des gaz.

Le noyau est fixé dans le moule par une ferrure nommée *chapelet*. Il y en avait de plusieurs formes, à anneaux, à 3 ou 4 branches, partant du noyau et reçues dans la chape de la culasse, etc.

Lors de la coulée, la partie du chapelet traversant le moule, est noyée dans le métal liquide.

Quelquefois l'arbre en fer traverse le bouton de culasse et tient lieu de chapelet.

Le haut du noyau est soutenu par une sorte de cravatte ou de chapiteau circulaire en terre de mouleur, en plâtre ou autre matière, et reçue dans une feuillure pratiquée dans le moule, ou reposant sur l'orifice du moule.

En France, les noyaux des gros mortiers de bronze sont faits à la manière des modèles en terre, mais renforcés de ferrures disposées comme dans les moules en terre.

Les avantages de ce mode de coulage, sont les suivants :

1° Il procure une économie de matière dans la coulée, et de main-d'œuvre dans le forage.

2° Le bronze en contact avec le noyau, forme une croûte très-dure, qui résiste assez bien aux effets du tir.

3° Il diminue les effets de la liquation.

Mais en revanche, le coulage à noyau a des inconvénients fort graves, qui l'ont fait abandonner.

1° Il est difficile de placer le noyau d'une manière stable au centre du moule.

2° Pendant la coulée, les ferrures du chapelet se tourmentent, se ramollissent, s'infléchissent et dérangent la position du noyau.

3° La présence du noyau dans le moule, occasionne près de la paroi de l'ame des soufflures qui sont mises à nu, lors de l'alésage.

4° Le noyau lui-même peut s'infléchir pendant la coulée, ce qui donne lieu aux excentricités qu'on a occasion de remarquer, principalement à la volée dans presque toutes les anciennes bouches à feu, lorsqu'on les tronçonne.

5° La dureté acquise par la partie du bronze en contact avec le noyau, ne sert de rien, puisque cette partie est enlevée dans l'alésage.

6° La difficulté de retirer le noyau après le refroidissement, est augmentée par l'infiltration du bronze dans la croûte de terre, qui recouvre le noyau.

7° La croûte de terre qui recouvre le noyau, peut se fissurer, sauter en éclats, avant ou pendant la coulée, et donner lieu à des fuites et à des loupes dans l'ame. Ces fuites de métal et ces loupes s'opposent à la sortie des matières qui composent le noyau, elles occasionnent ainsi un surcroît de travail.

8° Indépendamment des difficultés de coulage, l'emploi du noyau entraîne plusieurs autres graves inconvénients. Les branches du chapelet restées dans le métal après le forage, sont entamées par les produits de la combustion de la poudre, et par la rouille dans les circonstances ordinaires. La dilatation linéaire des branches en fer forgé du chapelet n'étant pas la même que celle du métal de la pièce, il se produit des tiraillements dans les alternatives de chaud et de froid provoquées par le tir, tiraillements qui amènent la séparation du chapelet d'avec le métal qui l'entoure. Toutes ces causes contribuent à la formation au fond de l'ame, de chambres et cavités qui, en recelant le feu, peuvent occasionner des explosions prématurées, lors de l'introduction de la charge.

Le coulage à noyau est encore pire pour les pièces en fer, puisqu'il amène un refroidissement plus prompt.

Coulage à siphon.

Le métal, en tombant directement dans le moule, peut en dégrader les parois et déranger le noyau. Les mouvements qu'il occasionne à la surface du bain, empêchent les laitiers de se réunir au centre, les disperse et les fait entrer dans les cavités du moule. On a donc pensé qu'en faisant entrer le métal par un canal particulier, *le siphon*, aboutissant à la partie inférieure, on ménagerait les parois de la chape et du noyau et que, le remplissage se fesant tranquillement, les parties rentrantes seraient moins exposées à s'encrasser. C'est principalement dans le coulage à noyau des mortiers, que ces avantages se font sentir : car le couvercle en terre qui ferme le noyau à la partie supérieure, est directement exposé à la chute du métal.

Le siphon est un canal de $0^{m},05$ à $0^{m},06$ de diamètre (fig. 5, planche V). On le construit par parties en même temps qu'on fait le moule de la pièce. Pour chaper la première partie communiquant au bas du moule, on fixe contre le modèle de la bouche à feu, l'extrémité d'un modèle coudé (le modèle du siphon proprement dit), sur lequel on applique de la terre pétrie, en même temps qu'on fait la chape de la pièce. L'autre extrémité du siphon est dirigée vers la bouche, mais en dehors du moule, et on la consolide par des bandages en fer terminés en crochets. Le reste du canal s'achève avec de petits tuyaux en terre, garnis de ferrures, s'emboitant les uns dans les autres et avec le siphon, et reliés par les crochets qui terminent les bandages et qu'on resserre par des liens en fil de fer.

Les avantages du coulage à siphon sont balancés par plusieurs inconvénients : les précautions à prendre pour ménager le siphon, rendent l'enterrage difficile : le canal peut être obstrué.

Parmi les moyens essayés pour remplacer le coulage à siphon, nous devons citer celui qui consiste à faire arriver le métal par un conduit débouchant dans un des tourillons.

Le coulage à siphon n'est guère utilisé que pour les gros mortiers de bronze.

LIVRE IV.

FUSION DES MÉTAUX. COULÉE DES BOUCHES A FEU.

CHAPITRE PREMIER.

FOURNEAUX A RÉVERBÈRE POUR LA FUSION DE LA FONTE.

ARTICLE I.

DESCRIPTION DU FOURNEAU A RÉVERBÈRE.

Parties principales du fourneau.

Le fourneau à réverbère comprend trois parties principales: (planche X).

1° La *chauffe (abfe* fig. 1), lieu où brûle le combustible.

2° Le *foyer de fusion (igk),* où se trouve le métal.

3° La *cheminée* (*hm*), dont le tirage active la combustion.

Une *voûte* (*aefgh*), recouvre la chauffe et le foyer de fusion.

Objet des fourneaux à réverbère.

Les fourneaux à réverbère sont des fours où le combustible est séparé du métal à liquéfier. Le combustible reçoit l'air nécessaire à sa combustion par le tirage que produit une cheminée très-élevée dont le débouché se trouve à l'extrémité du fourneau.

Le métal se trouve exposé à l'action de la flamme, pendant son trajet, depuis la chauffe jusqu'à sa sortie du fourneau.

Les fourneaux à réverbère sont destinés à produire une haute température, capable de liquéfier la fonte. On se fera une idée de la chaleur nécessaire en pensant que la fonte exige pour sa fusion une température 6 à 7 fois aussi grande que le bronze.

Moyen employé pour obtenir une température à peu près égale dans le fourneau.

Les fourneaux à réverbère ont une forme allongée. Leur section droite diminue à mesure qu'on s'éloigne de la chauffe, afin de compenser, par le rétrécissement de l'espace, la chaleur perdue, par l'éloignement du lieu où brûle le combustible. Le débouché de la cheminée dans le fourneau, est étroit, et la voûte s'abaisse de plus en plus à partir de la chauffe, afin de concentrer la flamme et de la rejeter sur le métal. On attachait une grande importance à la forme de la voûte, pensant que c'était par le calorique réfléchi ou réverbéré par ses parois que le métal s'échauffait. De là est venu le nom de fourneau à réverbère. On ne comptait pas sur la chaleur transmise directement par les gaz traversant le fourneau, ni sur le calorique qu'ils réfléchissent.

Aussi l'expérience n'a pas justifié l'importance attribuée à la courbure de la voûte, au contraire, elle a fait voir que la puissance de chauffe dépendait principalement des dimensions et des proportions de certaines parties du fourneau.

Intérieur du fourneau.

La chauffe comprend la *grille* (*ab* fig. 1 et 2), formée de barreaux de fer, reposant sur deux traverses ou supports en fonte.

La chauffe est séparée du foyer de fusion par une partie élevée, le *pont* (*cd*, fig. 1), dont l'objet est d'empêcher le métal de se mêler avec le combustible et de le préserver du contact immédiat de l'air.

La *sole* est un plan incliné (*ik*, fig. 1 et *ik'*, fig. 2), en forme de trapèze allongé, partant du pont et s'abaissant du côté opposé, vers la face du fourneau située dans l'atelier des fondeurs. La largeur de la sole diminue à mesure qu'on s'éloigne du pont.

La *voûte* (*aefg*, fig. 1) qui se rapproche de plus en plus de la sole en s'abaissant, jusqu'à sa rencontre avec la cheminée.

Du côté opposé au pont, le métal en fusion est retenu par un mur en maçonnerie, qui sert de digue, et qui sépare le fourneau de l'intérieur de la fonderie.

Au bas de cette digue, à son intersection avec la partie inférieure de la sole, les *trous de coulée* sont percés et débouchent dans l'intérieur de l'atelier (*k*, fig. 1, planche X et *xy*, fig. 2, planche IX).

On voit que les fourneaux à réverbère de la fonderie de Liége n'ont pas d'autel, puisque la sole forme un seul plan depuis le pont jusqu'à la partie inférieure du fourneau.

On donne particulièrement le nom de *bassin* à la partie inférieure du fourneau où le métal en fusion s'accumule.

Le foyer de fusion communique avec la cheminée (*lm*, fig. 1, planche X), par une partie rétrécie le *rampant*.

On appelle *bec*, le solide (*ghl*, fig. 1), formé par la rencontre de la voûte avec la cheminée.

L'intérieur du fourneau est revêtu d'une chemise en briques réfractaires. Il en est de même pour la cheminée. La sole est recouverte de sable réfractaire.

Cheminée.

La cheminée (*hlm*, fig. 1), communique avec le fourneau par le rampant.

La section horizontale de la cheminée augmente à mesure qu'on s'élève à partir du bec, jusqu'à une certaine hauteur (*l*, fig. 1).

La hauteur de la cheminée varie entre 15 et 20 mètres. Elle est très-élevée, afin d'activer la combustion par un fort tirage.

Les fourneaux à réverbère sont généralement accouplés.

Les fourneaux à réverbère sont généralement accouplés, un seul ne pouvant suffire à la coulée de la plupart des bouches à feu.

Un mur épais (NM, fig. 2), établit la séparation des deux fourneaux.

Emplacement des fourneaux à réverbère.

Il est important de favoriser le tirage et de faire arriver le métal liquide par le plus court chemin dans l'atelier de la fonderie, où se fait la coulée des bouches à feu. On satisfait à ces deux objets, en construisant les fourneaux à l'extérieur de l'atelier (*kl*, *k'l'*, *k''l''*, planche VII), et les fesant aboutir par le bas de la sole aux murs de cet atelier.

Les *trous de coulée* sont percés dans ces murs (*xy*, fig. 2, planche IX ; et *k*, fig. 1, planche X).

Un toit (*no*, fig. 3, planche IX et fig. 1, planche X), recouvre le fourneau et le garantit de la pluie.

Cendrier.

En dessous de la grille se trouve le *cendrier*; (*bp*, fig. 1, planche X), c'est une excavation d'environ 2^{m},50 de profondeur en coutre-bas de la grille, permettant à l'air d'arriver dans la chauffe et recevant les escarbilles ou menus charbons plus ou moins calcinés, qui passent à travers les barreaux de grille.

On descend dans le cendrier par un escalier (fig. 2), à ciel ouvert, pratiqué à l'extérieur du fourneau.

La face du fourneau au-dessus du cendrier (fig. 1, planche IX), se nomme la face de derrière. Elle est consolidée par des traverses de fonte reliées par de fortes ancres.

Côté extérieur du fourneau.

Le côté extérieur du fourneau est celui opposé au mur de séparation de deux fourneaux accouplés (fig. 3, planche IX).

Ce côté est fortement ancré et soutenu par des plaques en fonte. Il comprend deux ouvertures essentielles.

1° Le *trou de chauffe* (*A*), par où l'on introduit le combustible, et qu'on ferme, soit par une petite porte en fonte et à coulisses, soit en le bouchant simplement par du charbon entassé.

2° La *porte de chargement* (*B*), par laquelle on communique avec le foyer de fusion, et par laquelle on introduit les métaux qui composent la charge.

La porte de chargement est fermée par une portière, composée de briques réfractaires, assemblées dans un châssis en fer forgé. Une chaîne passant sur une poulie de renvoi et munie d'un contrepoids, facilite l'élévation ou l'abaissement de la portière. Lorsque celle-ci est descendue jusque sur l'appui de l'embrasure, on achève d'intercepter la communication entre le dedans et le dehors, en lutant les joints avec du sable argileux et réfractaire.

Indépendamment du trou de chauffe et de la porte de chargement, le côté libre du fourneau contient quelquefois une troisième ouverture (c, fig. 3, planche IX), ayant une vue sur la partie inférieure du foyer de fusion. Mais cette ouverture est toujours bouchée et l'on ne s'en sert pas.

Face du fourneau.

La *face du fourneau* se trouve à l'intérieur de la fonderie (fig. 2, planche IX). Elle est renforcée de plaques en fonte, d'ancres solides, et de supports en même métal, qui servent d'appui au mur de l'atelier.

On y remarque la *porte de brassage*, (c fig. 2, planche IX et *k'k''*, fig. 1, planche X). Elle est fermée par une portière composée de briques réfractaires assemblées dans un châssis de fer. Au centre de cette portière est un petit trou, qu'on ferme à volonté par un bouchon de terre cuite. Ce trou sert à observer l'intérieur du fourneau pendant la fusion et à recevoir le bout d'une barre de fer avec laquelle on manœuvre la portière.

La porte de brassage donne accès au fourneau par l'intérieur de l'atelier et permet de brasser et d'écumer.

La plupart des fourneaux à réverbère n'ont qu'un trou de coulée : il en existe deux cependant aux fourneaux de la fonderie de Liége. Ils sont inégalement élevés (*xy*, fig. 2, planche IX). Lors du remplissage du moule, on perce le trou supérieur, pour laisser écouler le dessus du bain, qui, étant le plus chaud, est employé de préférence pour la culasse.

ARTICLE II.

CONSIDÉRATIONS SUR LES DIVERSES PARTIES DU FOURNEAU A RÉVERBÈRE.

Problèmes à résoudre dans la construction d'un fourneau à réverbère.

Il y a deux problèmes à résoudre dans la construction d'un fourneau destiné à la fusion de la fonte.

1° Obtenir la température nécessaire dans toutes les parties du foyer de fusion, avec le moins de combustible possible.

2° Disposer le fourneau, de sorte que, tout en satisfaisant à la condition précédente, le métal liquide soit le plus possible soustrait à l'action de l'oxigène amené dans le fourneau par le tirage de la cheminée.

Quand ces dispositions existent, on dit que le fourneau *a un pouvoir peu décarburant.*

Il résulte de l'expérience que la température la plus élevée est toujours préférable pour la coulée des canons. Une diminution dans la dépense en combustible n'est pas à dédaigner, mais l'objet principal étant de couler dans les meilleures conditions, on peut formuler le premier problème de la manière suivante :

Obtenir la température la plus élevée dans toutes les parties du foyer de fusion, avec le moins de combustible possible.

Parties du fourneau qui influent sur le degré de chaleur qu'on peut obtenir.

On peut poser en principe que toutes les parties du fourneau influent sur la température obtenue. Mais considéré dans cette généralité, le problème resterait indéterminé et sans solution pratique. Il a certaines parties du fourneau qui ont le plus d'effet sur la chaleur développée. Les fourneaux doivent satisfaire à certaines conditions industrielles, par exemple, de fondre une quantité déterminée de métal. Ces préliminaires posés, l'expérience et le raisonnement conduisent aux propositions suivantes :

Le degré de chaleur qu'on peut obtenir d'un fourneau d'une capacité donnée, dépend :

1° De la surface de la grille et de la disposition du cendrier.

2° De la hauteur et de la section de la cheminée.

3° De l'aire de la section du rampant.

Une grande surface de grille permet de brûler plus de combustible en même temps, de produire une plus grande somme de chaleur, et d'en faire arriver une plus grande quantité vers le foyer de fusion. Une bonne disposition du cendrier facilite l'accès de l'air nécessaire à la combustion, l'empêche de trop s'échauffer avant d'arriver à la grille, et rend ainsi le tirage plus actif.

Une cheminée élevée favorise le tirage, fait consommer plus de combustible dans un temps donné et occasionne ainsi un plus grand développement de calorique. Une section convenable de la cheminée fait conserver aux gaz qui la traversent, une température plus élevée, ce qui accélère leur sortie, et réduit en même temps dans une juste limite les frottements produits par ses parois.

Si un fort tirage de la cheminée est avantageux, il ne l'est pas moins de forcer la flamme à séjourner quelque temps dans le foyer de fusion, afin qu'elle puisse communiquer une partie de la chaleur qu'elle transporte, ce qui exige nécessairement un certain temps, si petit qu'il soit. Dans ce but, le rampant rétrécit la cheminée vers le foyer, ralentit la sortie de la flamme, lui donne le temps de perdre une grande partie de son calorique, avant sa sortie du fourneau, la refoule et la fait tourbillonner dans toutes les parties du foyer de fusion, d'où il résulte une température plus uniforme.

Il ne faut cependant pas perdre de vue, qu'un rampant trop étroit ralentit le tirage et fait languir le feu.

Il y a donc un terme moyen à garder dans les dimensions du

rampant. La meilleure section du rampant est celle qui occasionne la chaleur la plus élevée et la plus uniforme dans un fourneau donné.

Éléments du pouvoir décarburant d'un fourneau.

Le pouvoir décarburant d'un fourneau croît en raison directe :

1° De la quantité d'air, qui, dans un temps donné, traverse le fourneau.

2° De la durée de la fusion.

3° De l'inclinaison de la sole.

Ce pouvoir décarburant est, en outre, en raison inverse de la hauteur du pont.

Plus il arrive d'air dans le fourneau, plus grande est la quantité d'oxigène en contact avec le métal, plus forte aussi est l'oxidation. Il est donc important de régler l'espace entre les barreaux de grille, de sorte qu'il n'arrive que la quantité d'air nécessaire à la combustion de la houille.

Quand la fusion se prolonge, l'oxigène de l'air qui traverse le fourneau, se trouve plus longtemps en contact avec la fonte, ce qui augmente la décarburation. Il est donc essentiel de produire la chaleur voulue dans le moins de temps possible. Dans un fourneau bien construit, si la houille est de bonne qualité, le tirage est actif, la fusion des métaux se fait promptement, ceux-ci restent peu de temps soumis à l'action de l'oxigène, et la décarburation en est diminuée.

Relativement à l'inclinaison de la sole, il faut observer qu'une pente très-forte fait écouler le métal avec plus de vitesse vers le bassin : et que les filets de fonte liquide s'écoulant des métaux à mesure qu'ils fondent, sont d'autant plus minces et présentent plus de surface à l'action décarburante de la flamme.

Un pont élevé rejette la flamme vers la voûte, soustrait une partie du métal à son action et diminue le pouvoir décarburant du fourneau. Mais un pont trop élevé soustrait une partie notable de la fonte à l'action directe de la flamme, force à prolonger la fusion et occasionne une décarburation plus forte.

Comparaison entre les fourneaux de diverses grandeurs.

Les fourneaux de diverses grandeurs, construits dans des proportions semblables, sont loin de produire la même chaleur et de consommer une égale quantité de combustible pour une quantité donnée de métal.

En général, plus les fourneaux sont grands, moins ils consomment de combustible. Passé une certaine limite, il est impossible de faire produire aux grands fourneaux la même chaleur qu'aux petits. Cela tient probablement aux difficultés de diriger la combustion et de surveiller la fusion. Il paraît que les petits fourneaux de 1,000 à 1,500 kilogrammes au plus, dont on se sert en Angleterre, produisent en très-peu de temps le degré de chaleur voulue, mais qu'ils consomment beaucoup de combustible. On peut considérer les fourneaux d'une grandeur moyenne de 3,000 à 3,500 kilogr., comme étant ceux qui satisfont le mieux aux conditions de produire la température la plus élevée avec la moindre dépense en combustible.

En prenant ce fourneau comme point de départ, pour en construire un autre d'une capacité différente, il faudrait donner à la chauffe des dimensions plus fortes, toute proportion gardée. Agir autrement, ce serait s'exposer à de fâcheux mécomptes.

Il faudrait en même temps donner à la cheminée une élévation en rapport avec l'étendue de la chauffe.

Proportions observées dans les principales parties des fourneaux de grandeur moyenne.

On remarque dans les fourneaux d'environ 3,000 à 3,500 kilog. qui marchent bien, les rapports suivants :

En prenant pour unité la surface de la grille.

1° L'aire de la sole varie de 2, 5 à 3, 5.

2° La section du fourneau au-dessus du pont est 0,75.

3° La section du fourneau en dessous du bec varie de 0,25 à 0,35.

Ces rapports sont influencés par la qualité du combustible. Plus les houilles sont maigres, plus il faut augmenter la surface de chauffe.

La cheminée doit avoir 15 à 20 mètres de hauteur; sa section la plus large, doit être le double ou le triple de sa section la plus étroite.

Constructions d'un fourneau.

Les fondations d'un fourneau doivent être solides. Le massif doit en être voûté pour éviter l'humidité. L'enveloppe extérieure est en maçonnerie ordinaire, fortement ancrée et consolidée par des plaques de fontes. Il en est de même pour l'extérieur de la cheminée. L'intérieur du fourneau est en briques réfractaires, de même que la cheminée.

On n'a donc que la sole et la voûte à refaire, quand le fourneau est usé. Pour le reconstruire, on monte la chemise sur les côtés de la sole. On trace sur ces côtés la courbure de la voûte. On fait ensuite la voûte elle-même en partant de la chauffe.

La voûte est plate, raccordée avec les murs de côtés par une petite courbure.

Le ciment employé, est formé de terre de pipe et d'un peu de sable blanc.

L'intérieur de la cheminée doit permettre qu'on s'y introduise pour exécuter les réparations nécessaires.

Toutes les portières et ouvertures doivent avoir des embrasures extérieures en fonte, afin de ne pas se déformer.

On tapisse la sole avec une couche suffisamment épaisse de sable réfractaire environ $0^m,06$.

Fourneaux d'une grandeur moyenne.

Cendrier. Le cendrier doit non-seulement favoriser l'arrivée de l'air nécessaire à la combustion, mais il doit en même temps satisfaire à plusieurs autres conditions. Il doit offrir un large espace aux charbons et escarbilles qui tombent de la grille, afin qu'ils n'échauffent et ne dilatent pas trop l'air affluent, ce qui nuirait au tirage. L'arrivée de l'air froid est également nécessaire pour rafraîchir les barreaux de grille et les garantir contre l'action trop forte du feu. Le cendrier doit permettre l'accès de la grille pour tisonner et pour les travaux que les circonstances exigent.

Le cendrier doit être suffisamment spacieux et profond ($2^m,5$ à $3^m,0$); d'un abord facile (par une rampe ou un escalier), placé en dehors de l'atelier, tourné au nord quand c'est possible, l'expérience ayant fait voir que c'est la meilleure exposition.

Grille. La grille doit être assez grande pour recevoir la quantité de charbon que la conduite du fourneau exige. Une grille trop grande fait consommer un excès de combustible et permet l'entrée d'une trop grande quantité d'air, ce qui peut refroidir le fourneau et augmenter son action décarburante.

Les barreaux de grille ont généralement 0,04 à 0,05 de largeur sur 0,06 de hauteur, et une longueur proportionnée à la chauffe.

Ils sont en fer n° 2, cette qualité résistant assez bien à l'action du feu. On les place perpendiculairement au pont, suivant la direction de la longueur du fourneau.

On les espace convenablement, on laisse ordinairement autant de vide que de plein, ou un peu plus, selon la qualité du combustible; l'intervalle le plus grand convenant pour les houilles grasses.

La grille doit être suffisamment abaissée en dessous du pont (0,45 environ), pour avoir l'espace nécessaire au placement du charbon et pour obtenir dans la chauffe la combustion de la fumée, avant que la flamme ne se rende dans le foyer de fusion. Elle ne doit pas être trop basse, parce que la flamme arriverait avec trop de vitesse contre la voûte, ce qui l'éloignerait de la sole et l'empêcherait de s'échauffer vers le pont. D'ailleurs un trop grand abaissement de la grille, produirait le même effet que son éloignement de la sole.

Pont. Le pont empêche le combustible de se mêler avec le métal. En forçant la flamme de s'élever, il favorise la combustion de la fumée. Un pont élevé protége la fonte contre l'action décarburante de la flamme : trop élevé, il empêche le métal de s'échauffer vers le haut de la sole, il rend la température inégale, et s'oppose à la fusion. On donne généralement au pont une hauteur de 2 ou 3 assises de briques au-dessus de la sole (0,16 à 0,24), mais le plus souvent 2 assises et quelquefois 1 $^1/_2$ assise (0,12).

La *sole.* La sole a la forme d'un trapèze dont le plus petit côté est à la partie inférieure du bassin. C'est sur la sole qu'on dépose les métaux qui doivent être fondus. Leur placement n'est pas indifférent, ainsi que nous le verrons en parlant du chargement du fourneau. Le rétrécissement de la sole à mesure qu'on s'éloigne du pont, contribue à amener l'égalité de température dans le foyer de fusion.

Dans un fourneau moyen, la largeur du petit côté est généralement les $^3/_4$ du grand côté. La longueur de la sole n'est pas arbitraire : trop grande, elle éloigne le bassin de la chauffe et l'empêche de s'échauffer suffisamment ; trop courte, la flamme sort trop vite et l'on consomme trop de combustible, ou l'on ne chauffe pas assez pour une égale consommation de combustible. Généralement, la longueur de la sole est le double de sa grande largeur, soit $3^m,20$ à $3^m,30$.

Nous avons déjà fait voir les inconvénients d'une inclinaison trop forte. Avec une pente trop faible, le métal s'écoulerait difficilement du fourneau et les diverses qualités de fonte ne se mélangeraient pas, et le pouvoir décarburant serait trop faible.

Une inclinaison de 3° ½, ou 0,20 sur la longueur suffit généralement.

Dans les petits fourneaux, comme ceux anglais, où la fusion se fait plus promptement, on peut abaisser davantage la sole vers le bassin, l'augmentation qui en résulte dans le pouvoir décarburant, est compensée par une moindre durée de la fusion.

La *voûte*. La voûte doit s'élever assez au-dessus de la chauffe pour permettre à la fumée de s'y convertir en flamme, avant de se rendre dans le foyer de fusion. Elle doit être assez basse pour forcer la flamme à envelopper les métaux qu'il s'agit de fondre et à bien chauffer la sole avant que la fusion commence. La voûte doit se rapprocher de plus en plus de la sole à mesure qu'elle s'éloigne de la chauffe, afin de rétrécir constamment la section du four et de concentrer plus la chaleur. L'abaissement de la voûte vers le bec doit être plus prononcé. La voûte doit se rapprocher le plus possible de la sole. A cet effet, les génératrices de sa surface, perpendiculaires à la longueur du four, sont presque droites, ce qui fait que la voûte est légèrement cintrée. Généralement, la hauteur de la voûte au-dessus du pont est les ¾ de la longueur de la grille, suivant l'axe du four.

Pour un fourneau d'une capacité moyenne de 3,000 kilogrammes, la hauteur de la voûte au-dessus du pont est généralement de 0,95.

Les angles rentrants, fesant perdre du calorique, et étant peu favorables à la solidité, on arrondit davantage la voûte à sa rencontre avec les parois du fourneau.

Cheminée. La cheminée doit avoir une hauteur de 15 à 20 mètres pour un fourneau de 3,000 kilog. et plus. La section de la cheminée doit être suffisamment large pour permettre les réparations (0,50 de côté). Elle doit se rétrécir avant d'arriver au bec, et présenter une section minimum de 0,25 à 0,30 de côté.

Par suite, on laisse un intervalle de 0,25 à 0,30 entre le bec et le côté opposé de la cheminée.

Hauteur de l'appui de la porte de brassage au-dessus de la sole. La hauteur de cet appui donne la profondeur maximum du bain. Un peu plus de hauteur que celle strictement nécessaire pour la capacité du fourneau, ne nuit pas, cela équivaut à un agrandissement du four dans des circonstances exceptionnelles. Il convient cepen-

17

dant que la hauteur de cet appui soit en dessous du niveau du bec, afin qu'on puisse brasser sur toute l'étendue de la sole.

CHAPITRE II.

ENCAGEMENT DES MOULES : DISPOSITIONS POUR LA COULÉE DES PIÈCES DE FONTE.

ARTICLE I.

ENCAGEMENT DES MOULES.

Les fourneaux de la fonderie de Liége sont disposés autour de la fosse à canon (planche VII). Cette fosse (*MN*) est creusée concentriquement à la grande grue de l'atelier. Elle est revêtue en maçonnerie et percée d'embrasures, de distance en distance, pour le placement des étançons en bois avec lesquels on maintient les moules.

La fonderie de Liége possède deux fonderies, désignées sous les nos 1 et 2 : chacune est entourée de 6 fourneaux accouplés. Ces deux ateliers servaient autrefois exclusivement à la fabrication des canons. Mais depuis longtemps il n'y a qu'un seul fourneau en activité à la fonderie n° 1, et on ne s'en sert que par exception. C'est donc principalement à la fonderie n° 2 que les pièces sont coulées.

Outre la fosse circulaire (MN), la fonderie n° 2 en possède une rectangulaire (OP) d'une plus grande largeur. Elle a été construite pour servir au fondage des statues de Rubens et de Grétry, par notre compatriote Mr Buckens, professeur à l'académie de Liége. Depuis, elle est utilisée pour le moulage mixte, qui demande plus de place et de profondeur que le moulage ordinaire en sable : elle sert également à la coulée des pièces de bronze, pour lesquelles sont disposés les fourneaux accouplés (L'K').

Les moules doivent être placés dans la fosse, de manière que le métal, au sortir des fourneaux, ait le moins de chemin à parcourir pour éviter le refroidissement.

Lorsque les pièces sont moulées en sable, on descend les moules dans la fosse, partie par partie, en commençant par celui de la culasse et du bouton réunis. On pose celui-ci sur un fond solide et horizontal. Ce fond est ordinairement formé d'une forte plaque de fonte, bien soutenue, et recouverte d'une légère couche de sable, pour mieux asseoir la partie inférieure du moule.

On descend et on réunit successivement toutes les autres parties du moule ; on en rectifie l'assemblage au moyen des clavettes avec lesquelles on serre plus ou moins les brides circulaires des châssis l'une contre l'autre (fig. 4, planche X). Pour s'assurer s'il n'y a pas de jour à la jonction des divers moules partiels, on regarde de l'extérieur, à hauteur des brides circulaires, si l'on n'aperçoit pas une lumière qu'on promène dans l'intérieur du moule. Au besoin, on lute avec de la terre fientée les petits vides que les brides laisseraient entre elles. On assure la position verticale du moule en l'arc-boutant contre les murs de la fosse.

Quand le moule est entièrement assemblé, sa partie supérieure doit se trouver en dessous du bassin où l'on accumule le métal au moment de la coulée.

Pour vérifier la verticalité du moule, on place une croix sur l'ouverture de la masselotte en fesant coïncider son centre avec l'axe du moule. On laisse descendre une bougie allumée suspendue par un support en fer à un fil à plomb, qui traverse un trou percé au milieu de la croix. Le fil à plomb doit rester constamment à égale distance des parois.

Nous avons déjà expliqué comment l'enterrage des moules en terre se fait dans des châssis en fonte : nous nous rappellerons qu'il faut faire en sorte, que la partie supérieure du moule enterré soit inférieure au bassin de coulée.

ARTICLE II.

DISPOSITIONS POUR LA COULÉE DES PIÈCES DE FONTE.

A la fonderie de Liége, on ne fait pas arriver le métal directement jusqu'au moule, mais on l'accumule à la sortie du fourneau dans un bassin (*A*, fig. 2, planche X), aussi rapproché que possible de la fosse, et dont les dimensions varient suivant le nombre des fourneaux qui participent à la coulée. Par ce procédé, la fonte arrivée la première et promptement refroidie par son contact avec les écheneaux, n'entre pas dans le moule, mais sert à réchauffer les passages que doit traverser le métal qui continue à affluer.

Le pourtour et le fond du bassin sont en briques réfractaires ainsi que les écheneaux (*C*, *D*, fig. 2), qui vont de ce bassin aux deux trous de coulée de chaque fourneau. Le bassin et les écheneaux sont enduits d'une couche de terre à chaper qu'on fait bien sécher.

Les écheneaux doivent être disposés de sorte qu'on puisse faire écouler sur le parterre de l'atelier les laitiers qui se forment dans toute fusion. A cet effet, le revêtement extérieur en maçonnerie est interrompu en *D'* près du fourneau et est remplacé par du sable damé et soutenu par des lestes de fer. Quand la coulée d'une pièce approche de sa fin, on fait tomber les lestes qui consolident extérieurement la rigole en D', ainsi que le sable de cette rigole, et le laitier se répand sur le sol par la brèche qu'on a faite.

Le bassin a autant d'ouvertures du côté de la fosse qu'il y a de pièces à couler. Sur chaque châssis on appuie une plaque de fonte (EF, fig. 2), qui, partant du bassin, déborde un peu l'ouverture du moule.

La rigole de coulée (fig. 2, 2 bis et 2 ter, planche XI), est un canal en tôle ouvert à un bout et fermé à l'autre. Près de l'extrémité fermée, ce canal est percé d'un trou auquel est adapté un tuyau également en tôle, comme on peut le voir suivant *AB* (fig. 2 et 2 bis). L'intérieur du canal est recouvert de terre fientée et séchée. Une règle qu'on ne doit jamais perdre de vue, c'est d'empêcher le métal liquide de couler dans des rigoles en fer, en fonte ou en d'autres métaux. Les parois de ces rigoles seraient bien vite rongées par le métal liquide. Celui-ci s'échapperait par les fissures et des accidents en seraient les suites. D'un autre côté, il y a toujours explosion au contact d'un métal liquide avec un métal solide, à moins que ce dernier ne soit rouge de chaleur.

On pose la rigole de coulée (*GH*, fig. 2, planche X) sur la plaque de fonte, l'extrémité ouverte dirigée vers le bassin, et le centre du tuyau correspondant avec l'axe du moule. On l'assujettit convenablement avec des lestes de fer (fig. 1, planche XI), ou des briques et du sable damé. On prolonge la rigole jusque vers l'une des ouvertures (*K*, fig. 2, planche X), du bassin, par un canal en sable bien damé et consolidé extérieurement par des lestes de fer. On établit la communication entre ce canal et la rigole de coulée par un tuyau en tôle (fig. 14, planche XI), revêtu intérieurement et extérieurement de terre fientée et séchée (fig. 2, planche X). On recouvre ce tuyau de sable damé, qui sert de digue pour arrêter les laitiers et les charbons surnageant la fonte liquide, tandis que la partie inférieure du courant de métal traverse le tuyau, comme un siphon, se rend dans la rigole de coulée et tombe ensuite dans le moule.

Pour empêcher le métal de traverser le tuyau avant qu'il n'ait atteint une certaine hauteur, on ferme ce tuyau par un bouchon de foin, qui ne livre passage que lorsqu'il s'est consumé en brûlant.

On pratique un emboîtement à l'ouverture (*K*, fig. 2) du bassin correspondante à chaque moule, pour loger une porte ou écluse en fer, *l'écluse de bassin* (fig. 5), recouverte sur ses deux faces de terre fientée et séchée. Un manche de fer adapté à cette écluse, permet de l'élever ou de l'abaisser, et, par conséquent, d'établir ou d'interrompre à volonté la communication entre le bassin et le canal qui conduit au moule.

Indépendamment de l'écluse de bassin, on en place une seconde, *la grande écluse* (fig. 4, planche XI), également revêtue de terre fientée et séchée. Elle se trouve en *L* (fig. 4 et 2, planche X), entre le bassin et la rigole de coulée. Sa partie inférieure est un peu au-dessus du fond du canal pour permettre l'écoulement du métal.

La fonte liquide passant sous la grande écluse comme dans un siphon, il y a une chance de plus d'arrêter les laitiers et les charbons qui surnagent et viennent s'accumuler devant l'obstacle formé par elle. La grande écluse est implantée dans le sable qui forme les parois du canal de coulée et qu'on a fortement damé.

On ménage une rigole pour recevoir l'excédant de métal après le remplissage des moules.

On dispose un plancher au-dessus de la fosse et autour des moules, pour les hommes nécessaires au service de la coulée.

Pour empêcher l'introduction dans les moules des poussières et autres corps étrangers, on en recouvre les orifices par des feuilles de tôle qu'on enlève un peu avant la percée du fourneau. On se sert avantageusement d'une petite corbeille suspendue à l'intérieur du moule, et qu'on enlève au moment de la coulée, pour recueillir les corps étrangers qui se seraient introduits, malgré les précautions prises.

On se munit de tous les objets qui peuvent être nécessaires, soit pour effectuer la coulée, soit pour parer aux accidents.

Parmi ces objets nous citerons :

La *masse de fer* (fig. 3, planche XI), servant à chasser le piquoir dans le trou de coulée, ou à enfoncer la grande écluse dans la rigole de sable pour arrêter l'affluence du métal vers le moule.

La *quenouillette* (fig. 7), qu'on introduit dans le tuyau de décharge de la rigole de coulée (fig. 2, 2 bis et 2 ter, planche XI) et (GH, fig. 2, planche X) et avec laquelle on règle la quantité de métal liquide qui tombe dans le moule, en même temps qu'on en dirige le jet.

L'écluse de rigole (fig. 6, planche XI), qu'on introduit dans la rigole de coulée (GH, fig. 2, planche X), au moment où l'on remplit le moule, afin d'arrêter les laitiers entraînés avec la fonte et de les empêcher d'arriver jusque dans le moule.

Le *piquoir* (fig. 9, planche XI), avec lequel on débouche le fourneau, en le chassant à coups de masse. On a soin d'en rougir la pointe au feu avant de s'en servir.

Le *tampon* (fig. 10), barre de fer dont une extrémité est garnie de terre fientée et séchée. Le tampon sert à modérer la sortie du métal par les trous de coulée.

Le *rable* (fig. 12), sorte de racloir en fer, qui sert à brasser et à écumer.

La *poche* ou *écumoire* (fig. 8), sorte de bassin hémisphérique en tôle, revêtue de terre fientée, séchée et munie d'un manche en fer. Cette poche sert à puiser dans le fourneau par la porte de brassage, et à prendre soit du métal liquide, soit du laitier.

Les *bouchoirs* (fig. 11 et 13), longs manches en fer ou en bois, munis à une extrémité d'un morceau de tôle, replié sur les bords, formant une sorte de caisse ou de canal qu'on remplit de terre de mouleur. Lorsqu'une fissure est remarquée dans le châssis du moule, on s'empresse de la tamponner avec la terre contenue à l'extrémité du bouchoir. Il est bon de se hâter dans cette opération, car le métal liquide élargit promptement les issues par lesquelles il s'échappe. Il y a deux sortes de bouchoirs, l'un pour les brides longitudinales (fig. 11), l'autre pour les brides circulaires (fig. 13).

CHAPITRE III.

FUSION DE LA FONTE : COULÉE DES PIÈCES EN FER.

ARTICLE I.

COMPOSITION DE LA CHARGE ET CHARGEMENT DU FOURNEAU A RÉVERBÈRE.

Composition de la charge.

Pour déterminer le poids total de la fonte nécessaire à la coulée d'une pièce, il faut avoir égard au poids de la pièce finie, au métal qui entre dans le vide de l'ame, à l'excédant pour le tournage et le ciselage, au poids de la masselotte et enfin au déchet.

Il est admis en principe que la masselotte, pour produire son effet, ne doit se figer qu'après le bourrelet.

Il convient donc de lui donner un diamètre un peu plus fort : quant à sa hauteur, l'expérience a fait voir que 0,60 à 0,70, suffisaient pour les pièces actuelles.

En tout cas, la hauteur de la masselotte doit excéder son diamètre.

Le déchet est variable suivant la durée de la fusion, l'activité du fourneau et la qualité des fontes. Dans le calcul des charges, on doit supposer la réunion des circonstances les plus défavorables, afin de n'être jamais en défaut de métal. Dans un cas extrême, on aurait encore la ressource, à la fonderie de Liége, de profiter de la fonte du cubilot, pour achever de remplir le moule après la coulée, s'il y avait eu perte de métal. Mais pour que la pièce soit sauvée, il faut que la fonte, sortie du fourneau à réverbère, arrive au moins jusqu'à la naissance de la masselotte.

Les fontes au coke de première fusion donnent plus de déchet, que celles au bois, et celles-ci plus que les masselottes et autres fontes de seconde fusion. Il faut remarquer que, quand les fontes sont peu carburées ou que le fourneau marche mal, il y a une certaine partie de métal qui se fige sur la sole, dans le bassin et les écheneaux, et qui ne peut arriver jusque dans le moule. Ces circonstances conduisent au même résultat que s'il y avait une perte de fonte.

Lorsqu'on coule une pièce d'un certain calibre pour la première fois, on compte sur 10 pour °/₀ de déchet; ce chiffre est, du reste, une limite qu'on n'atteint presque jamais. On rectifie la charge pour les pièces suivantes, d'après le résultat de la première coulée.

En général, la charge se compose de :

$^4/_5$ de fonte de première fusion :

$^1/_5$ de masselottes et restant de coulée.

Les établissements qui fournissent des fontes à canon, en Belgique, sont en petit nombre. Le fourneau du Poucet fournit depuis longtemps des fontes fortes au bois. Celui de Lassoye, dans le Luxembourg, est entré en lice depuis quelque temps. Enfin, l'établissement de Seraing a fourni, à diverses reprises, d'excellentes fontes au coke.

Nous avons dit à l'article *fontes*, que celles aux bois étaient généralement livrées en grosses barres triangulaires, nommées *gueuses*. Les maîtres de forges avaient effectivement l'habitude de couler leurs produits sous cette forme. Mais leurs dernières fournitures ont été effectuées en barreaux ou en plaques d'une certaine dimension. On y trouve l'avantage de pouvoir les charger plus aisément et d'éviter la manœuvre de les briser au casse-gueuse.

Ces avantages pourraient bien être balancés par un grave inconvénient. En effet, nous verrons plus loin que la sole a besoin d'être échauffée avant le commencement de la fusion. Les petits barreaux entrant plus vite en fusion que les gros, il est à craindre que la sole ne soit pas convenablement échauffée au moment où le métal se fond, si la charge entière du fourneau est composée de petits morceaux.

L'aspect des fontes changeant avec la grosseur des échantillons coulés, il faut remarquer que les fontes fortes au bois, coulées en plaques ou en barreaux, ne seront plus à gros grains, comme nous l'avons indiqué pour les gueuses, mais que ces fontes auront le grain plus petit, une couleur plus claire, et montreront même parfois un aspect truité.

Il convient pour la régularité des produits et pour entretenir les maîtres de forges dans les bonnes traditions sur la fabrication des fontes fortes, en leur donnant occasion d'en livrer de temps en temps, il convient, disons-nous, de prendre les fontes des divers hauts-fourneaux, en proportions aussi constantes que possible dans la composition des charges des fourneaux à réverbère. Quand on a de vieux canons de Suède, on les fait entrer pour $^1/_5$ dans les charges et on les considère comme fonte de première fusion.

Les petites pièces se refroidissent plus vite que les grosses, après la coulée : elles sont, à mélange égal, d'une fonte plus dure. On y remédie en augmentant un peu la proportion des fontes de première fusion. Pour les très-grosses pièces, au contraire, dont le refroidissement est très-lent, on peut, dans certains cas, pousser jusqu'à $^1/_4$ la proportion des fontes de seconde fusion.

Chargement du fourneau à réverbère.

Il est essentiel que la sole soit bien échauffée avant que la charge commence à fondre, afin que la partie inférieure du bain ne forme pas une couche de métal à l'état pâteux, qu'on ne pourrait liquéfier qu'aux dépens de la chaleur du restant du bain. On s'est donc décidé, dans plusieurs fonderies, à chauffer d'abord le fourneau, et à introduire ensuite la charge. C'est ce qu'on appelle *charger à chaud.*

Ce procédé augmente la dépense en combustible, et occasionne de grands embarras par la difficulté de ranger les métaux sur la sole, lorsque le feu est en pleine activité.

A la fonderie de Liége et dans plusieurs établissements, le chargement se fait à froid, c'est-à-dire avant que le feu soit mis au fourneau. Mais on prend des précautions, pour que la sole soit convenablement échauffée avant que la fusion commence. Nous aurons soin de les indiquer.

On recouvre la sole de menu coke qui s'enflamme lors de la mise à feu, et qui, surnageant plus tard, lorsque la fusion s'est opérée, protége le métal contre l'action de l'oxigène.

Les masselottes sont placées vers le bas du fourneau et élevées sur des briques réfractaires de manière qu'elles occupent le milieu de l'intervalle entre la voûte et la sole. Les fontes de première fusion sont déposées près du pont, les plus gros barreaux les plus rapprochés de la chauffe. On les range suivant la longueur du fourneau, mais en les faisant porter sur d'autres barreaux transversaux qui leur servent de chantiers. Ces barreaux transversaux eux-mêmes reposent par leurs extrémités sur des briques réfractaires, de manière à distancer la fonte également entre la voûte, la sole et les côtés. Ces dispositions ont pour objet de forcer la flamme à se diviser, à envelopper le métal, à le chauffer également et à porter la sole au plus haut degré de chaleur avant que la fusion commence.

Les fontes de première fusion sont les plus rapprochées du pont afin de protéger contre l'action décarburante de la flamme la masselotte et les tronçons de canons qui sont plus lents à fondre, à cause de leurs dimensions.

Pensant que la plus grande chaleur se fesait sentir près du pont, on y plaçait la masselotte. Mais celle-ci, comme nous venons de le dire, était lente à se fondre vu sa grande masse. La partie de la masselotte dirigée vers la chauffe, étant longtemps soumise à l'action de la flamme, avant le commencement de la fusion, se décarburait complètement et s'affinait : l'enveloppe ne pouvant plus entrer en fusion, restait à l'état pâteux et formait ce que l'on appelle du *carcas*.

On évite actuellement cette perte en plaçant la masselotte et les tronçons de canons vers le bas du fourneau. Dans cette position, ils reçoivent la même chaleur et ils ne tardent pas à se trouver dans le bain. Le bain communique sa chaleur aux fontes qu'il enveloppe et en accélère ainsi la fusion.

Pour charger la grille, on la couvre d'un peu de paille, puis de fagots en chêne bien secs, et enfin de grosses houilles jusqu'au niveau du pont. Quand le chargement est terminé, on ferme le trou de chauffe par une petite portière, ou bien on le bouche avec un gros morceau de houille et du menu charbon entassé dans l'embrasure. On lute avec du sable argileux et réfractaire la porte de chargement et la porte de brassage. On bouche les trous de coulée avec le même sable, qu'on dame fortement. On peut alors mettre le feu au fourneau, si les moules sont encagés dans la fosse à canons. Il est prudent de ne pas allumer avant, un accident pouvant arriver aux moules pendant l'encagement et rendre la coulée impossible.

ARTICLE II

DE LA HOUILLE.

La houille destinée aux fourneaux à réverbère, doit s'allumer facilement, sans être sulfureuse; elle doit brûler avec une flamme claire et exempte de fumée : elle ne doit pas s'agglutiner ni se convertir en cendres; enfin, elle doit posséder une grande puissance de chauffe. Cette qualité de houille ne peut se rencontrer que parmi celles qui ne sont ni grasses ni maigres, et qu'on nomme *houilles demi-grasses*.

Une houille trop grasse se boursouffle, s'agglutine, ferme les intervalles entre les barreaux de grille et empêche l'arrivée de l'air nécessaire à la combustion. Une houille trop maigre ne donne pas assez de flamme, ne chauffe que par le calorique rayonnant, produit une température inégale dans le fourneau et ne peut empêcher le bain de se refroidir. Une houille trop bitumineuse produit un excès de fumée qui étouffe la flamme et empêche le fourneau de parvenir à une haute température.

La houille doit être débarrassée de pierres, de morceaux de schiste ou de grès; elle doit être en gros morceaux, afin de ne pas s'entasser, ce qui empêcherait la circulation de l'air, et pour ne pas tomber au travers de la grille.

La houille employée à la fonderie de Liége, provient principalement de la houillère de Belle-Vue. Elle a une couleur noire et un aspect luisant. Elle ne contient pas de stratification de schiste ou de grès, elle est légère, friable et connue sous le nom de houille chaude, demi-grasse.

ARTICLE III.

CONDUITE DES FOURNEAUX A RÉVERBÈRE.

Le fourneau étant chargé et les moules encagés dans la fosse à canons, on met le feu au combustible par un peu de paille enflammée qu'on tient sous la grille. Il est important de pouvoir observer l'intérieur du fourneau. A cet effet, on regarde de temps en temps par le *guichet* de la porte de chargement ou de brassage. Le guichet est un petit trou percé au centre de la porte, qu'on bouche par un tampon d'argile après qu'on a observé le fourneau.

On remarque si tous les morceaux de fonte entrent également en fusion, s'il ne se forme pas trop de laitiers, si le fourneau marche bien, si la flamme est claire et active. De temps en temps on recharge la grille par le trou de chauffe qu'on ferme ensuite exactement. On reconnait que le feu marche bien, à la flamme qui sort de la cheminée et qui doit être claire et courte.

Le feu doit être conduit progressivement pour empêcher le métal d'entrer en fusion avant que l'intérieur du fourneau et principalement la sole aient eu le temps d'acquérir un haut degré de chaleur. Deux heures et demie après la mise à feu (plus ou moins), la fonte est ordinairement liquéfiée. Mais il arrive souvent que la sole est recouverte d'une couche de métal qui s'est refroidi en coulant et qui, restant à l'état pâteux, ferait manquer la coulée si l'on n'y portait remède.

Pour reconnaître l'état du fourneau, on ouvre la porte de brassage, et l'on promène un rable (fig. 12, planche XI), sur le fond du bassin. On ramène à la surface les parties de métal seulement ramollies, pour les exposer à la chaleur de la flamme : on les brise, on les divise et on les mélange avec le reste de la charge. Ces manœuvres font acquérir la température générale du fourneau à ces parties de métal qui ne sont que ramollies ou pâteuses. Il faut en agir de même avec les morceaux de fonte ou de masselottes qui résistent à la fusion; on prévient ainsi la formation du carcas et le déchet qui en est la suite. Le brassage doit durer jusqu'à ce que la sole soit entièrement débarrassée du métal qui s'y serait attaché à l'état pâteux. Les fondeurs appellent ***relever la sole***, l'opération effectuée par ce *premier brassage*.

On prévient l'oxidation de la fonte en projetant de temps en temps sur le bain un peu de menu coke ou de charbon de bois qui sert en même temps à le réchauffer en brûlant. Il faut projeter du charbon chaque fois qu'on ouvre le fourneau. Le brassage étant terminé, on referme aussitôt la porte de brassage et on la lute avec du sable argileux.

La surface du bain se recouvre toujours plus ou moins de laitiers, qui proviennent principalement du fourneau, et de la fonte elle-même. Il faut éviter qu'il y en ait trop à la surface du bain, ils empêcheraient la flamme de chauffer le métal. On les retire par la porte de brassage. On les coagule pour les enlever plus facilement, en répandant un peu de sable blanc sur le fourneau : le laitier refroidi subitement se prend en une masse pâteuse qu'on entraine sans peine avec un rable. On peut laisser sur le métal une couche mince de laitier, qui, sans s'opposer trop sensiblement à l'action de la chaleur, empêche la décarburation de la fonte.

Le brassage a l'avantage de mélanger les fontes et de les rendre homogènes; mais il refroidit le fourneau. Il faut donc éviter de le faire durer trop longtemps et il faut se hâter de refermer le fourneau hermétiquement.

On reconnaît que la fonte est suffisamment chaude quand elle parait très-fluide et qu'elle est *étincelante*.

Il est difficile de bien en juger par la couleur seulement.

Il est bien vrai que la fonte liquéfiée est d'autant plus blanche qu'elle est plus chaude, mais elle présente des nuances qui dépendent de sa nature : ainsi, à température égale, la fonte grise est plus rouge que la fonte blanche.

ARTICLE IV.

COULÉE DES CANONS.

Il est temps de couler quand la fonte commence à étinceler. Une fusion trop prolongée brûle le métal, détermine un commencement d'affinage, rend la fonte moins liquide et même peut l'amener à l'état pâteux. Dans ces circonstances, les moules se rempliraient difficilement, la fonte se figerait promptement, le métal serait dur et cassant après le refroidissement.

Le moment de couler étant arrivé, on dispose les hommes près des écheneaux et du bassin. Quelques-uns se munissent d'écluses de rigole (fig. 6, planche XI), espèces de pelles en fer, à manches obliques, recouvertes de terre fientée et séchée, et dont le profil est le même que celui des écheneaux, afin de pouvoir arrêter les laitiers, modérer l'arrivée de la fonte et, au besoin, la retenir entièrement.

D'autres saisissent une perche de bois pour écumer le métal à la surface et écarter les laitiers et les charbons. On allume un morceau de chandelle au bas du châssis qui renferme le moule, afin d'allumer les gaz lorsqu'ils se produisent et de faciliter leur sortie.

L'ouvrier chargé du tuyau de décharge qui conduit le métal dans le moule, prend la quenouillette (fig. 7) avec laquelle il doit diriger le jet vers le fond du moule et régler la chute du métal.

On dégage avec la truelle une partie du sable entassé dans l'œil ou le trou de coulée. Pendant ce temps, on rougit au feu la pointe de la perrière ou du piquoir (fig. 9) ; on dispose horizontalement près du mur où débouche le trou de coulée, une autre barre de fer, dont l'objet est de servir, au besoin, d'appui au piquoir. On place ensuite l'extrémité du piquoir dans le trou de coulée, on l'enfonce à coups de masse et on le retire quand la fonte arrive. Lorsque plusieurs fourneaux concourent à la même coulée, on les dégage en même temps.

On laisse le bassin se remplir : on écrase avec la pelle les charbons de bois, qui surnagent, et on laisse les fontes se mélanger. On soulève l'écluse placée à l'ouverture du bassin, en ayant soin qu'elle appuie toujours contre son emboîtement. La fonte passe par dessous l'écluse : les laitiers qui surnagent, sont arrêtés. Le métal liquide s'écoule ensuite sous la *grande écluse* (L, fig. 4, planche X), traverse le tuyau placé à l'extrémité de la rigole de coulée, après avoir brûlé le bouchon de foin qui l'obstruait, et enfin afflue dans la rigole de coulée.

On arrête les corps étrangers entraînés avec le métal au moyen d'écumoirs en bois et d'une ou deux écluses de rigole. On dirige avec la quenouillette le jet de métal sur le centre du moule, en évitant de le projeter sur les parois. Lorsque la fonte est parvenue à la hauteur des tourillons, on ferme le tuyau de décharge avec la quenouillette, et on interrompt la chute du métal. Les canaux et le bassin se remplissent. En soulevant ensuite la quenouillette, on fait tomber un gros jet de métal dans le moule, et on occasionne des mouvements et des bouillonnements qui ramènent vers le centre les laitiers et les charbons entraînés avec la fonte. De cette manière, on en préserve les tourillons.

Lorsque le bain du fourneau s'est abaissé jusqu'au niveau du trou de coulée, on perce le trou inférieur, afin d'empêcher les laitiers d'arriver. On laisse le fourneau se vider et le moule se remplir, en prenant les mêmes précautions.

La masselotte étant pleine, on perce sur le côté des écheneaux une ouverture communiquant à une rigole, où l'on reçoit la fonte excédante.

On interrompt en même temps la communication avec le moule, en enfonçant à coups de masse la grande écluse dans le sable, et en bouchant l'écheneau par du sable damé contre cette écluse.

Il est important d'empêcher les laitiers de se mêler avec la fonte. Ils arrivent vers la fin de la coulée, et se font remarquer par des filets plus fluides et blanchâtres qui surnagent. On les arrête en jetant du sable sur la rigole près du trou de coulée. On détruit ensuite la paroi extérieure de cette rigole, comme nous l'avons déjà expliqué, et le laitier se répand sur le sol de l'atelier.

La coulée étant terminée, et la fonte restante dans les écheneaux étant figée, on enlève la rigole de coulée, on écume le métal au dessus de la masselotte et l'on répand sur sa surface une couche épaisse de coke pulvérisé. Par ce moyen, on débarrasse les masselottes des laitiers, et on ralentit le refroidissement de la pièce, parce que le charbon est mauvais conducteur du calorique.

Pendant la coulée, il se forme dans la matière du moule des gaz dont il faut faciliter le dégagement. Nous avons déjà dit qu'on les allumait par le feu d'une bougie placée au bas du moule contre la jonction de deux châssis.

Les gaz, en brûlant, développent une certaine chaleur qui se communique au châssis et contribue à en ralentir le refroidissement.

La combustion des gaz se fait remarquer par les flammes bleuâtres qui courent le long des brides longitudinales et circulaires.

La durée de la fusion est ordinairement de 4 heures.

La consommation moyenne de houille par 1,000 kilogrammes de fonte, est d'environ 650 kilogrammes. La coulée dure 5 à 10 minutes.

Le séchage des moules dans l'étuve exige de 750 à 1,000 kilogrammes de houille par bouche à feu, en moyenne 850 kilogrammes.

ARTICLE V.

ACCIDENTS QUI PEUVENT SURVENIR.

Les accidents qui peuvent survenir sont nombreux ; le maître fondeur doit les prévoir par une attention continuelle. Nous citerons quelques-uns de ces accidents.

1° Une forte température acquise trop subitement, une température excessivement élevée, une fusion trop prolongée, peuvent occasionner des dilatations et des tiraillements dans les ferrures de la maçonnerie et dans la maçonnerie elle-même ; de là, des fissures par lesquelles la fonte peut s'échapper dans le cendrier.

2° Une température très-élevée, ou une fusion trop prolongée, peuvent provoquer la détérioration du pont et la fusion d'une partie des briques qui composent la sole près du pont, et par suite, le métal liquide peut fuir dans le cendrier.

3° Une partie de la charge près du pont peut s'affaisser sur elle-même, rester à l'état pâteux, former une digue à une certaine distance du pont, et empêcher l'écoulement du métal à mesure qu'il entre en fusion. Le métal liquide ne pouvant plus descendre vers le bas du fourneau, passe au-dessus du pont et tombe au travers de la grille dans le cendrier.

On ouvre la porte de brassage, on perce avec un rable ou un piquoir la digue formée par le métal affaissé sur lui-même à l'état pâteux, et on livre au métal liquide un passage vers le bas du fourneau.

4° La charge peut être trop forte pour la capacité du bassin, et la fonte liquide déborde la porte de brassage. On exhausse la partie inférieure de cette porte avec des briques réfractaires ou avec du sable argileux bien foulé, ce qui forme un barrage capable de retenir le métal.

5° Le fourneau étant trop chargé, le niveau du métal rétrécit trop le passage de la flamme sous le bec, ce qui ralentit le tirage et empêche le métal d'acquérir la température nécessaire.

On ouvre la porte de brassage, et on démolit une partie du bec à coups de ringards, afin d'élargir la section du fourneau à cette place. Le tirage devenant plus facile, la température du fourneau ne tarde pas à s'élever.

6° Une partie de la voûte peut s'affaisser sur le métal liquide. On ouvre la porte de brassage, on enlève avec un rable les briques et les laitiers, on recouvre de feuilles de tôle suffisamment épaisses l'ouverture produite par l'affaissement d'une partie de la voûte, et on lute les joints avec du sable réfractaire.

On coule dès que l'état de la fonte le permet.

7° Fourneau qui marche mal accidentellement. Il arrive quelquefois que, malgré une fusion prolongée, on ne parvient pas à chauffer la fonte assez fortement. Il est préférable, dans ce cas, de couler de suite. En cherchant à augmenter la température par la continuation du feu, on court risque de trop décarburer le métal.

Quand on prolonge la fusion, on a soin de couvrir le bain de charbon de bois ou de coke pour garantir le métal de l'oxigène apporté par le tirage de la cheminée.

On parvient quelquefois à ranimer le fourneau en projetant de l'eau sur le cendrier. Cette eau, en se vaporisant, traverse la grille, entre dans la chauffe où elle se décompose. L'hydrogène, devenu libre, brûle ensuite au contact de l'oxigène de l'air affluent, ce qui détermine souvent une accélération dans l'allure du fourneau.

8° La haute température de la matière peut opérer la vitrification et la fusion d'une partie des terres qui recouvrent la rigole de coulée, et de la tôle dont cette rigole est composée. La partie de la plaque de fonte située sous la rigole de coulée, au point où elle est percée, peut elle-même entrer en fusion par le courant de métal liquide.

La plaque étant percée, il en résulte des fuites, soit sur le sol de l'atelier, soit dans la fosse aux moules. Dès qu'on s'en aperçoit, on tamponne le trou de coulée, on ferme les écluses, on arrête la coulée et on replace une nouvelle rigole de coulée. Ces diverses opérations doivent se faire avec la plus grande célérité.

9° Fuite à travers le moule. Elle résulte d'une fonte extrêmement chaude, d'une réparation mal faite lors du moulage, d'un mauvais assemblage de deux parties consécutives du châssis, d'un boulon ou d'une clavette brisés à la bride longitudinale, des dilatations qu'éprouvent les châssis et les boulons lors du séchage, lors de la coulée et même après la coulée.

On remédie à ces fuites, en tamponnant avec de l'argile pétrie appliquée avec le bouchoir.

La fonte s'épaissit au contact d'un corps froid et se congèle quelquefois, ce qui arrête la fuite.

Mais, pour réussir, il faut que la fissure soit bien petite et promptement bouchée, car le courant de fonte liquide est extrêmement rongeur. On interrompt en même temps l'arrivée de la fonte, et on ne reprend la coulée que lorsque la fissure est bien bouchée.

10°. *Moule humide en une certaine partie.* Quand on remarque un bouillonnement produit par l'humidité du moule qui se vaporise au contact de la fonte, on ralentit la coulée, on fait arriver le métal à petit jet, jusqu'à ce que le bouillonnement ait cessé.

CHAPITRE IV.

FUSION DU BRONZE : COULÉE DES BOUCHES A FEU EN BRONZE.

ARTICLE I.

FOURNEAU A RÉVERBÈRE POUR LA FUSION DU BRONZE.

A la fonderie de Liége, on opère la fusion du bronze comme celle de fonte dans un fourneau à réverbère allongé.

Mais le bronze exigeant une température moins élevée, on peut donner plus de capacité au foyer de fusion pour une même surface de chauffe. On a utilisé pour cet objet deux fourneaux à réverbère accouplés de la fonderie n° 2. Les dimensions de ces fourneaux sont restées les mêmes avec les exceptions suivantes :

1° On a élevé le pont jusqu'à la hauteur de 0,20 à 0,25.

2° On a abaissé la grille de 0,30 à 0,85 en dessous du pont.

3° On a abaissé la sole près du pont, ce qui a augmenté la capacité du fourneau et diminué l'inclinaison de la sole.

Le pont est renforcé, parce qu'il est plus élevé et qu'il doit résister aux effets de l'infiltration du métal. On lui donne 0,30 de largeur en haut, et on le raccorde avec la sole par un talus sous 45°.

Le bas du fourneau étant réglé d'après la position des trous de coulée, ne varie pas.

L'abaissement de la sole dans les deux fourneaux est réglé d'après la capacité qu'on veut leur donner : l'un étant destiné à fondre une charge de 5,000 kilogrammes environ et l'autre devant fondre jusqu'à 8,000 kilogrammes.

On doit éviter de trop abaisser la sole dans le plus petit des deux fourneaux, car il deviendrait difficile à chauffer pour les petites charges, qu'on est quelquefois obligé de fondre quand on a une seule pièce de campagne à couler.

On élève le pont et on abaisse la grille dans le double but de prévenir l'oxidation du métal et de retarder sa fusion, pour avoir le temps de bien chauffer le fourneau avant que le métal commence à couler.

La sole est formée de briques réfractaires posées de champ, afin qu'elles soient moins facilement soulevées par l'infiltration du bronze entre les joints.

ARTICLE II.

DISPOSITIONS POUR LA COULÉE DES PIÈCES DE BRONZE.

L'encagement des moules dans la fosse à canons, se fait de la même manière que pour les pièces de fonte.

On a les mêmes écheneaux et le même bassin de coulée que pour les pièces de fonte. Cependant on ne peut faire couler le bronze liquide sur des rigoles en sable, parce qu'il s'infiltrerait dans la matière qui en forme les parois. On est donc obligé, pour les parties non revêtues en maçonnerie, de composer ces rigoles avec des portions de canaux formées de plaques en terre fientée et convenablement séchées. Ces plaques sont soudées avec de la terre de mouleur.

Les rigoles sont consolidées par du sable damé et soutenu par des lestes en fer.

Les écheneaux et le bassin étant préparés, on les remplit de gros fagots qu'on allume pour les faire sécher.

On continue ensuite les feux jusqu'au moment de la coulée avec du charbon de bois, et on recouvre les rigoles par des feuilles de tôle pour concentrer la chaleur.

On remplace la grande écluse (fig. 4, planche XI) et (L, fig. 4, planche X), par une écluse de bassin ou de rigole (fig. 5 et 6, planche XI), pour laquelle on a pratiqué un emboîtement dans l'écheneau.

A la fonderie de Liége, on prend quelques dispositions particulières, quand on coule plusieurs canons à la fois.

On établit une rigole de communication d'un moule à l'autre, un peu en dessous de la partie supérieure de la masselotte. Elle est amorcée entre deux moules consécutifs par un petit tuyau partant de chaque châssis et coulé en même temps. Cette rigole est recouverte intérieurement de terre fientée et séchée.

Un des moules extrêmes a en outre un tuyau de décharge également tapissé de terre de mouleur.

Ce tuyau surplombe une vaste chaudière de fonte destinée à recevoir l'excédant de métal après le remplissage des moules.

La chaudière, qui est tapissée intérieurement de terre fientée et séchée, est suspendue à la grue qui commande la fosse à canon.

La chaudière est suspendue de la manière suivante :

Elle est pourvue de deux tourillons placés un peu au-dessus du centre de gravité du vide intérieur.

Deux étriers en fer, partant de ces tourillons, emboitent un arbre horizontal en fer forgé (semblable au fléau d'une balance), qu'on accroche à la grue par son milieu.

Aux extrémités des tourillons, on adapte deux grands leviers en fer, qui permettent d'incliner ou de redresser la chaudière à volonté.

Ainsi, à l'aide de la grue et des deux leviers de fer, on peut reverser dans les moules, l'excédant de métal arrivé dans la chaudière et compenser la perte due à l'infiltration du bronze dans les chapes. Cette infiltration est nommée *absorption*, par les fondeurs, pour indiquer que le métal est sorti du moule pour entrer dans la chape.

S'il y a plusieurs moules, indépendamment de la communication d'un moule à l'autre, on construit encore des échenaux, qui, partant de chacun d'eux, aboutissent au bassin de coulée.

Pour éviter les embarras du maniement de cette vaste chaudière, il faudrait augmenter la capacité des moules, en allongeant les masselottes. L'excédant de bronze obtenu par le remplissage des moules, remplacerait la perte due à l'absorption. On obtiendrait une économie de main-d'œuvre, les chances d'accident diminueraient, et le métal n'étant pas déplacé inutilement, se refroidirait moins vite. Une augmentation de 0,30 dans la hauteur de la masselotte, suffirait pour arriver à ce résultat.

Rien ne s'oppose à ce qu'on allonge le châssis de la masselotte de 0,50, un excès de longueur dans le moule ne pouvant nuire.

ARTICLE III.

COMPOSITION DE LA CHARGE OU FOURNEAU A RÉVERBÈRE.

La question de savoir, s'il est préférable de fondre avec des métaux neufs (le cuivre et l'étain purs), ou avec du vieux bronze, a été un sujet de controverse.

Les partisans des métaux neufs prétendent que le bronze souvent refondu, devient plus blanc (à dose égale d'étain), et beaucoup moins tenace. Ils attribuent ces effets à la présence des oxides métalliques, qui ont dû se former et s'accumuler dans des refontes souvent répétées. Mais ils ne remarquent pas que ces oxides ont dû se séparer en vertu de leur moindre densité et entrer dans les laitiers. Ils admettent également que l'alliage a pu se compliquer des substances étrangères renfermées dans les matériaux qui composent les fourneaux ou les moules.

Les partisans du vieux bronze, font remarquer que, si les métaux refondus sont purs, les produits sont plus homogènes, moins sujets aux effets de la liquation, et plus durs à dose égale d'étain. Ils font observer que le manque de dureté est un des plus grands défauts qu'on reproche aux pièces de bronze, et que la refonte des métaux est un des moyens d'y remédier. Ils soutiennent d'ailleurs que des substances étrangères ne peuvent s'introduire dans le bronze par l'effet de la fusion, puisqu'une fusion prolongée ramènerait le bronze à l'état de cuivre pur et que ces substances étant plus oxidables que le cuivre, doivent entrer dans les laitiers.

La difficulté de former un bon alliage de cuivre et d'étain est si grande, qu'à la fonderie de Liége et dans plusieurs fonderies de France et d'autres contrées, on fait l'alliage par une fusion préalable ; afin de composer le *mélange préalable*, qu'on doit employer au fondage des pièces, au lieu du cuivre et de l'étain purs.

L'étain étant beaucoup plus oxidable que le cuivre, le titre de bronze s'altère par la fusion.

On est donc obligé, quand on emploie du vieux bronze, d'ajouter à la charge du fourneau, soit de l'étain pur, soit un alliage très-riche en étain, d'après les indications du calcul et de l'analyse.

M^{r} le colonel Fréderix a introduit à la fonderie de Liége un procédé qu'il a importé de l'Angleterre, et qui consiste à remplacer l'étain par un alliage formé de deux parties de cuivre et d'une partie d'étain. Cet alliage, il le nomme *métal chimique*.

L'emploi du métal chimique nous semble bon, car l'étain déjà allié au cuivre se dissoudra plus uniformément dans la masse, que si on le projetait pur.

Mr le colonel Fréderix forme le mélange préalable de 8 parties d'étain *seulement* sur 100 parties de cuivre.

Nous pensons qu'il serait beaucoup plus rationnel de le composer au titre voulu de 11 pour °/₀, ce qui éviterait l'embarras d'introduire dans le fourneau, pendant la fusion, des quantités plus grandes d'étain ou de métal chimique, et préviendrait l'inconvénient d'ouvrir souvent la porte de brassage.

Du reste, la fonderie de Liége a coulé de belles pièces de bronze en employant le mélange préalable à l'un ou à l'autre des deux titres de 8 pour °/₀ et de 11 pour °/₀.

Les métaux *neufs* ou *vieux*, pourront donner de bons produits s'ils sont *purs* : mais le bronze sera plus *homogène* par l'emploi de *vieux métaux*.

La charge du fourneau se compose de diverses espèces de bronze : elle comprend les masselottes obtenues à la coulée précédente, les fonds de bassin et de cuillers, les écheneaux, une partie de mélange préalable, les tronçons de canons et vieux bronze qu'on utilise, le bronze provenant de l'exploitation des croûtes de chape, les bûchilles et autres résidus de fabrication, et, en dernier lieu, l'étain ou le métal chimique nécessaires pour compléter le titre de la charge.

L'analyse indique les diverses quantités d'étain que les fontes renferment. Mais la composition du bronze n'étant pas homogène, les échantillons analysés peuvent ne pas posséder le titre moyen des morceaux d'où on les a tirés. Les analyses elles-mêmes laissent quelquefois à désirer. Il est donc prudent de composer les charges toujours à peu près dans les mêmes proportions, en ayant égard à l'approvisionnement existant et aux résidus que fournit la fabrication de chaque pièce.

Dans une fonderie où l'approvisionnement est réglé en prévoyant l'avenir, on ne doit introduire dans les fourneaux que la quantité de mélange préalable nécessaire pour couvrir les déchets. Car un gouvernement doit posséder le nombre nécessaire de bouches à feu en bronze, de sorte que la fabrication ne consiste que dans le renouvellement de celles mises hors de service.

Malheureusement il n'en a pas été ainsi à la fonderie de Liége, et les approvisionnements ont varié au point de forcer à couler entièrement, tantôt avec du vieux bronze, tantôt avec des métaux neufs.

D'après le titre des diverses parties qui composent la charge, on détermine la quantité d'étain ou de métal chimique à ajouter, pour que le titre moyen de la charge soit de 11 pour °/₀.

Le déchet en étain sur la totalité des produits d'une fabrication, varie ordinairement entre $^1/_2$ et 1 pour °/₀, pour une fusion de 6 à 8 heures de durée.

La quotité de la charge se règle de la même manière que pour les pièces de fonte, en ayant égard au poids de la pièce finie et de la masselotte, à la quantité de métal qui entre dans l'ame, à l'excédant pour les opérations du tournage et du ciselage, au déchet. Mais il faut remarquer que les masselottes des pièces de bronze doivent être beaucoup plus plus hautes que celles des pièces de fonte, et que le déchet doit comprendre l'absorption du métal.

Il faut également tenir compte de l'infiltration du bronze dans la sole d'un fourneau neuf, dans le bassin et les écheneaux. Enfin il est impossible d'éviter qu'il ne s'attache un peu de bronze aux parois du bassin et des rigoles de conduite.

Un excédant de métal n'a d'autre inconvénient que d'occasionner une petite perte de matière et de main-d'œuvre, mais une masselotte trop faible, peut faire manquer une pièce.

ARTICLE IV.

CHARGEMENT DU FOURNEAU A RÉVERBÈRE.

Les métaux se fondent plus ou moins lentement, selon leur grosseur. Si le fourneau était uniquement chargé de menus morceaux, ceux-ci seraient liquéfiés bien longtemps avant que le fourneau et la sole particulièrement eussent acquis le degré de chaleur voulue; le bronze se prendrait en une masse pâteuse sur la sole, et le feu le plus ardent ne pourrait que l'oxider à la surface, sans pouvoir communiquer aux parties inférieures le degré de chaleur et de fluidité nécessaires pour la coulée. Quand cela arrive, on dit que le bronze fait *pâte* ou *gâteau*. Il faut donc faire le chargement avec des métaux d'une dimension assez forte pour que cet accident ne soit pas à craindre. Lorsqu'ils sont fondus, après que la sole est parvenue à un degré élevé de chaleur, on peut introduire successivement les menus morceaux qui complètent la charge. Ces morceaux noyés dans le bain, en acquièrent promptement la température : on les projette d'ailleurs en quantités assez petites pour qu'ils ne puissent refroidir la charge d'une manière sensible. On utilise ainsi tous les échantillons de l'approvisionnement, quelle que soit leur grosseur.

D'autres motifs s'opposent à l'introduction de parcelles de bronze dans le premier chargement. La flamme les oxiderait promptement à cause de leur grand état de division, le déchet en serait augmenté et il y aurait en même temps altération dans le titre de la charge : des parties aussi légères que les bûchilles pourraient même être entraînées jusque dans la cheminée, par la force du courant. Ces objections tomberaient en partie si l'on chargeait à chaud, mais nous en avons déjà fait ressortir les inconvénients.

Nous ajouterons, qu'on ne peut chauffer un fourneau vide, aussi bien que quand il est convenablement chargé ; car le bain de métal produit un retrécissement de la section sous le bec, lequel, en retardant la sortie de la flamme la condense, lui donne le temps de communiquer une plus grande partie de sa chaleur au fourneau et en élève la température.

Ces considérations ont fait diviser le chargement en deux parties distinctes : les *gros métaux* et les *petits métaux.*

Les gros métaux comprennent les masselottes, les tronçons de canons, les lingots de mélange préalable, les restes des coulées précédentes, les rondelles provenant de l'excédant de longueur des pièces, les faux-boutons, etc., etc.

Les petits métaux se composent des bûchilles et menus morceaux provenant du ciselage.

L'étain et le métal chimique forment une troisième catégorie.

Les gros métaux sont introduits avant la mise à feu. On utilise ainsi la chaleur produite.

Les petits métaux sont projetés pendant la fusion ; noyés dans le bain, ils sont soustraits à l'action de la flamme et préservés de l'oxidation.

L'étain ou le métal chimique ne sont ajoutés à la charge qu'une demi-heure ou une heure avant la coulée (selon la quantité), afin d'exposer ce métal le moins longtemps possible aux courants d'air.

Lorsqu'un fourneau est mis à feu pour la première fois, on enduit la sole de potée de cendres, pour s'opposer, autant que possible, à l'infiltration du métal dans les joints des briques réfractaires.

On bouche les trous de coulée avec un tampon pyramidal en fer à base carrée : la grande base vers l'intérieur du fourneau. On répare et on ajuste l'ouverture pour le passage du tampon avec de la potée de cendres très-épaisse. On fait sécher au feu les couches de potée, au fur et à mesure qu'on les applique, pour les durcir. Quand le tampon est placé dans le logement qu'on lui a préparé, on le recouvre d'un gâteau de terre fientée, pour prévenir l'infiltration du bronze à travers les joints. On fait bien sécher, par un feu de charbon de bois, ce gâteau de terre et la partie environnante du trou de coulée, et l'on peut alors procéder au chargement.

Le combustible est déposé sur la grille de la même manière que dans les fourneaux destinés à la fusion du fer.

On arrange les métaux de sorte qu'ils laissent des intervalles égaux entre la voûte, la sole et les côtés du fourneau, pour que la flamme puisse les envelopper. On élève la charge au moyen de briques réfractaires en guise de calles ; sur ces briques on appuie quelques lingots parallèlement au pont, pour qu'ils servent de chantiers à d'autres gros métaux qu'on dirige dans le sens de la longueur du fourneau. La charge est d'ailleurs répartie aussi uniformément que possible, depuis le pont jusques un peu avant le bec. On répand sur la sole du charbon de bois, qui, en s'allumant, contribue à l'échauffer. Quand le bain est formé, le charbon de bois, en surnageant, couvre le métal et le préserve de l'oxidation et de plus il réduit une partie de l'oxide d'étain au fur et à mesure qu'il se forme.

Les bûchilles et l'étain, ou le métal chimique, ne devant s'introduire qu'après la mise à feu, nous en reparlerons.

ARTICLE V.

CONDUITE DU FOURNEAU ET COULÉE DES CANONS.

La conduite et l'entretien du feu se font de la même manière que pour la fusion de la fonte.

Deux heures et demie environ après la mise à feu, tout le bronze est liquéfié. On ouvre la porte de brassage, et on commence à brasser avec une perche de chêne vert. La partie immergée de la perche dégage une grande quantité de vapeurs, qui font bouillonner le métal et produisent des mouvements qui favorisent le mélange des diverses parties de la charge. On laboure la sole pour ramener à la surface du bain le métal moins chaud qui s'y est attaché à l'état pâteux. On brise les gros morceaux qui ont résisté à la fusion, on les divise, on les noie dans le bain, afin qu'ils en acquièrent la température. On accumule les laitiers vers la porte de brassage, on les coagule en projetant un peu de sable dessus et on les enlève avec un rable.

Lorsqu'on a fini de brasser, on projette du charbon de bois dans le fourneau et on referme la porte de brassage.

On doit commencer l'introduction des bûchilles quand la charge est devenue liquide et a acquis un haut degré de chaleur. On reconnaît que le métal est très-chaud, quand il bouillonne, quand il écarte les laitiers en produisant des ondulations, quand les charbouilles se meuvent à la surface du bain, quand il est d'une blancheur éblouissante.

L'introduction des bûchilles doit se faire avec précaution, pour ne pas trop refroidir le bain. On en projette ordinairement 100 à 200 kilogram. chaque fois qu'on ouvre le fourneau. On a soin de brasser chaque fois et d'introduire du charbon de bois. On s'arrête dès que le métal devient moins fluide et s'épaissit. On recommence l'opération de demi-heure en demi-heure ou d'heure en heure, plus ou moins, selon l'allure du fourneau.

L'étain ou le métal chimique ne s'introduisent qu'après les bûchilles. On évite de les laisser tomber à l'état solide sur le bain, car le bronze rejaillirait jusque sur les travailleurs.

On dépose le métal sur une grande pelle de fer, armée d'un long manche aussi en fer et munie à l'extrémité de ce manche d'une forte traverse en bois.

Lorsque la porte de brassage est ouverte, l'étain ou le métal chimique, déposés sur la pelle en question, sont amenés jusque vers le bec du fourneau; et on les laisse dans cette position jusqu'à ce que la chaleur les fasse fondre. On répand le métal en différentes places pour faciliter l'alliage. C'est le moment de donner plus d'activité au brassage, afin que les gaz qui s'échappent de la partie immergée de la perche de chêne remuent toutes les parties du bain et rendent l'alliage homogène. On a soin également de labourer la sole pour en détacher les métaux qui s'y seraient attachés à l'état pâteux.

On écume avec le rable et on referme le fourneau.

On laisse le métal se réchauffer. On peut en apprécier le degré de chaleur aux indices que nous avons indiqués.

Mais pour la fin de la fusion, on se sert d'un moyen plus certain pour en juger. On puise un peu de bronze dans le bain, avec une poche ou cuiller de fer, enduite extérieurement et intérieurement de terre fientée et séchée : et on coule quelques menus barreaux dans des moules préparés d'avance. La cuiller doit se vider sans que le métal s'attache aux parois.

Les barreaux étant refroidis, on les brise et on juge d'après la cassure et à la couleur du grain si le métal est homogène, et si le titre en est satisfaisant. Dans cette appréciation, on procède par voie de comparaison avec d'autres barreaux, provenant de coulées antérieures, et dont on connait bien le titre moyen.

Enfin, le moment de couler est arrivé. On chasse le tampon dans l'intérieur du fourneau avec une barre de fer sur laquelle on frappe à grands coups de masse. Afin d'obtenir un mélange plus homogène, on débouche les deux trous de coulée en même temps. Le métal en sortant, répand une épaisse fumée blanchâtre, composée d'oxide d'étain emporté par les courants d'air. On aperçoit également de petites flammes verdâtres dues à la volatilisation du cuivre. On laisse le métal s'accumuler dans le bassin. Des hommes sont disposés aux diverses écluses qui barrent les écheneaux, afin de les ouvrir au moment voulu : d'autres sont armés d'écluses de rigole ou d'écumoirs en bois, pour arrêter les laitiers et les charbons entraînés avec eux. Un ouvrier muni de la quenouillette est prêt à diriger le métal vers le fond du moule.

On écrase avec une pelle le charbon qui surnage dans le bassin, afin de favoriser encore le mélange des diverses parties du bain. A un signal donné, on livre passage au métal et on le fait arriver dans le moule. Lorsque le bronze est parvenu à la hauteur des tourillons, on ralentit son arrivée en serrant la quenouillette dans le tuyau de décharge, et on laisse les écheneaux et le bassin se remplir, comme pour la coulée des pièces de fonte. Puis on dégage tout d'un coup le tuyau de décharge en soulevant la quenouillette, on fait arriver un gros jet de métal liquide dans le moule. Les agitations provoquées par cette affluence de bronze, ramènent vers le centre les corps étrangers, et en délivrent les tourillons et les anses.

Lorsque le métal est parvenu au haut de la masselotte, il passe par les rigoles qu'on a ménagées d'un moule à l'autre, et enfin il tombe dans la chaudière placée sous le tuyau de décharge d'un des moules extrêmes, ainsi que nous l'avons déjà expliqué en parlant des dispositions pour la coulée.

L'absorption du métal se fait pendant tout le temps que le moule se remplit. On peut la remarquer en arrêtant un moment la coulée, car à l'instant le niveau du métal s'abaisse dans le moule. Quand tout le bronze excédant est entré dans la chaudière, on ferme avec du sable argileux les rigoles communiquant d'un moule à l'autre, ainsi que le tuyau de décharge qui conduisait le métal dans la chaudière. On profite du moment où le métal est encore chaud, et par conséquent peu tenace pour couper les languettes de bronze solidifiées au fond de ces rigoles.

La durée d'une fusion dans les fourneaux de la fonderie de Liége, est d'environ 6 h. 30′. La consommation de houille est de 380 kilogrammes par 1,000 kilogrammes de bronze. Le poids de la première charge de houille sur la grille, ou du premier feu est de 450 kilogrammes.

La durée moyenne d'un feu à l'autre est de 22 minutes.

Le nombre de brassages varie de 6 à 8. La consommation de houille pour l'étuvage des moules, varie entre 900 et 1,000 kilogrammes pour les plus fortes pièces de campagne.

Le dernier brassage a lieu ½ heure ou 1 heure avant la coulée ; celle-ci dure 10 minutes.

Lorsqu'on fait le mélange préalable, la fusion ne dure pas aussi longtemps, quoique le cuivre résiste à une plus haute température que le bronze. Cela tient à ce que l'on ne refroidit pas le fourneau par l'introduction des bûchilles. On mêle l'étain avec le cuivre 1 heure ou 1 ½ heure avant la coulée, en une, deux ou trois fois, selon la charge. Il faut aller progressivement pour ne pas épaissir le bain en le refroidissant.

La durée d'une fusion pour le mélange préalable est de 4 à 4 ½ heures. La consommation de houille est de 350 kilogram. par 1,000 kilogrammes de mélange.

Le déchet à chaque fusion varie entre 2 ½ et 4 pour %.

ARTICLE VI.

ÉVALUATION DE LA TEMPÉRATURE DU BRONZE FONDU DANS LE FOURNEAU A RÉVERBÈRE.

La difficulté d'apprécier exactement la température du bain, a fait imaginer, par Mr le colonel Dusaussoy, un procédé fondé sur la capacité des corps pour la chaleur. Ce procédé a été décrit dans l'ouvrage de M[r] le colonel Serres, sur le service dans les fonderies, puis rapporté et annoté dans le traité de M[r] le colonel Émy, sur la fabrication des bouches à feu. Nous ne croyons pouvoir faire mieux, que d'extraire ce qui suit des excellents ouvrages que nous venons de citer.

On plonge un boulet dans le bain de bronze, jusqu'à ce qu'il en ait acquis la température, puis on l'immerge dans de l'eau, jusqu'à ce que l'équilibre se soit établi entre la température de l'eau et celle du boulet.

La quantité de calories absorbées par le boulet, divisée par sa masse, est égale à la température du bain de métal. D'un autre côté, la quantité de calories communiquées à l'eau par le boulet, plus la quantité de calories restées dans celui-ci, doivent être égales à la quantité de calories que possédait le boulet à la sortie du bain.

En introduisant dans les calculs les chiffres que comportent ces éléments, on parvient à une équation du premier degré, qui donne la température du bain. On doit faire les corrections indiquées par quelques expériences pour tenir compte de la perte de chaleur occasionnée par le trajet du boulet au sortir du fourneau, jusqu'au moment de son immersion dans l'eau, et de la perte produite par la vaporisation d'une partie de l'eau ou par l'absorption de chaleur par les parois du vase qui contient l'eau.

Quelques explications préliminaires sur les mots *calorie* et *capacité calorifique*, ne seront peut-être pas inutiles.

Les corps sont susceptibles de contenir des quantités plus ou moins grandes de chaleur. Ces variations dans la quantité de chaleur sont accusées par la température.

La quantité de chaleur contenue dans les corps étant variable, elle est susceptible d'augmentation ou de diminution; on doit donc pouvoir la mesurer, comme toute *grandeur*, au moyen d'une unité conventionnelle. Cette unité se nomme *calorie*.

La *calorie* est la quantité de chaleur nécessaire pour élever de 1 degré la température de l'unité de poids d'eau. (Ordinairement 1 kilogramme).

Les corps de même poids, en s'échauffant d'un même nombre de degrés, prennent des quantités différentes de chaleur : ainsi, pour que la température du fer s'élève d'un certain nombre de degrés, il ne faut que les 0,11 de la chaleur nécessaire pour produire la même élévation de température sur un poids égal d'eau.

On appelle *calorique spécifique*, *chaleur spécifique*, *capacité calorifique des corps*, ou bien *capacité des corps pour la chaleur*, la quantité de chaleur, c'est-à-dire le nombre de calories nécessaires pour élever de 1° la température de l'unité de poids de ce corps.

On se dispense généralement de mentionner l'unité de chaleur ou la calorie, et les nombres qui représentent la chaleur spécifique, s'introduisent dans les calculs comme des nombres abstraits, et portent le nom de *coefficient de chaleur spécifique*, mais il faut sous-entendre, qu'ils représentent des nombres de calories.

Soient m le poids d'un corps
c la chaleur spécifique de ce corps
t la température.

Le nombre de calories que ce corps renfermera, quand il sera élevé à la température t sera exprimé par

$$cmt.$$

Il est à remarquer que cette formule suppose que la chaleur spécifique c est constante, quel que soit le changement de température; c'est-à-dire que de degrés en degrés, le corps absorbe ou perd la même quantité de chaleur, ce qui n'est pas.

L'expérience démontre que la capacité calorifique des corps est moindre aux basses températures qu'à celles élevées. Ainsi, pour le fer, la capacité calorifique est 0,11 entre 0° et 100°; elle devient 0,13 aux températures analogues à celles du bronze en fusion. Dans la pratique, on est obligé d'adopter pour c une valeur moyenne relative aux températures extrêmes observées.

Soient :

M, le poids de l'eau contenue dans le vase.

m, le poids du boulet. Ce poids est pris après l'expérience, parce que l'immersion dans le bain de bronze, fait presque toujours éprouver une perte au boulet.

C, la capacité de l'eau pour la chaleur (représentée par 1).

Cette quantité étant prise pour unité, on se dispense de la faire entrer dans les calculs : elle est ce qu'on appelle une *calorie*.

c, la capacité du fer pour la chaleur (égale à 0,127).

t, la température de l'eau en degrés centigrades, avant l'immersion du boulet.

T, la température de l'eau après l'immersion.

x, la température du bronze en fusion. C'est la quantité qu'il s'agit de déterminer.

Si l'on admet que le boulet est resté assez longtemps dans le métal liquide, pour en avoir pris la température :

cmx, sera la quantité de calories que renferme le boulet à sa sortie du fourneau.

CMT, est la quantité de calories contenues dans l'eau, après l'immersion du boulet.

CMt, était la quantité de calories contenues dans l'eau, avant l'immersion.

cmT, est la quantité de calories restées dans le boulet, après l'immersion.

La quantité de calories communiquées par le boulet à l'eau, est exprimée par

$$\mathrm{CMT} - \mathrm{CM}t = \mathrm{CM}(\mathrm{T} - t). \quad (1)$$

Mais la quantité de calories contenues dans le boulet au sortir du bain, doit être égale à celle communiquée à l'eau plus la quantité restante dans le boulet. On aura donc l'équation

$$cmx = \mathrm{CM}(\mathrm{T} - t) + cm\mathrm{T},$$

d'où

$$x = \mathrm{T} + \frac{\mathrm{CM}}{cm}(\mathrm{T} - t). \quad (2)$$

Cette équation fera connaître la valeur de x. Mais elle n'est pas exacte, parce qu'il faut tenir compte de la perte de calorique pendant le trajet du boulet au sortir du bain, comme aussi de l'absorption par les parois et par la vaporisation de l'eau. Il paraît rationnel de prendre cette perte proportionnelle à la différence T — t, des températures observées. En appelant donc k, un coefficient à déterminer par l'expérience, la formule précédente corrigée devient

$$x = \mathrm{T} + \frac{\mathrm{CM}}{cm}(\mathrm{T} - t) + k(\mathrm{T} - t). \quad (3)$$

On pourrait employer un moyen semblable pour mesurer la température de la fonte en fusion.

Mais au lieu d'un boulet qui se fondrait dans le bain, ce serait la fonte liquide elle-même, qu'il faudrait puiser dans le fourneau et projeter dans l'eau.

Si l'on craignait une trop grande vaporisation de l'eau, on pourrait immerger dans de la glace ou de la neige fondantes (comme dans le calorimètre de Lavoisier), dans un bain de plomb fondu, etc., etc. On pourrait même combiner plusieurs moyens.

ARTICLE VII.

DES FOURNEAUX A RÉVERBÈRE RONDS POUR LA FUSION DU BRONZE.

Les anciennes fonderies de bronze, fondent leurs métaux dans des fours à réverbère ronds, chauffés par un feu de bûches de bois. L'emploi de la houille amènera peu-à-peu la suppression de ces énormes fourneaux, et fera adopter les fourneaux à *réverbère allongés.*

Les fourneaux ronds se composent essentiellement :

1° De la *cuve*, espace circulaire ou elliptique, couvert d'une voûte surbaissée et où l'on dépose les métaux.

2° De la chauffe, lieu où brûle le combustible.

3° De la cheminée, dont le tirage active la combustion.

La chauffe communique avec la cuve par un espace voûté. Un petit mur, le *pont*, sépare ces deux parties inférieurement. Quand la cuve est elliptique, la chauffe est placée à une des extrémités du grand diamètre. Du côté opposé de la chauffe, est percé le trou de coulée.

Une embrasure est pratiquée sur chaque partie latérale du fourneau, et en permet la communication par la porte de chargement.

Une vaste cheminée est adossée au fourneau; mais pour forcer la flamme à se diviser par le tirage et à chauffer toute la capacité intérieure, la cheminée communique avec la partie inférieure de la cuve par 4 soupiraux placés symétriquement.

Les bûches de bois s'introduisent dans la chauffe par un canal ou conduit vertical, qu'on ferme ensuite par un registre.

Des galeries ou soupiraux permettent l'arrivée de l'air sous la grille. On leur donne le nom de ventouses.

L'expérience a constaté que les grands fourneaux ronds chauffaient mieux que les petits; mais comme on n'a pas toujours de quoi faire de grandes coulées, la plupart des anciennes fonderies de bronze possèdent des fourneaux de 3 grandeurs, de 25,000 à 30,000, de 15,000 et de 6,000 kilogrammes.

Les embarras qui résultent des grandes coulées et les avantages que présente la houille sur le bois comme combustible, feront nécessairement abandonner ces fourneaux, pour adopter ceux allongés chauffés à la houille.

Sous le rapport de la régularité du travail, il y a moins d'embarras à couler une pièce tous les jours, que d'en couler 15 tous les 15 jours; et s'il est vrai que l'oxidation soit plus forte dans les fours allongés, elle est amplement compensée par une moindre durée de la fusion.

Dans les fourneaux ronds, la durée moyenne d'une fusion est de 15 à 16 heures, mais elle peut aller jusqu'à 30 heures, et même plus.

FIN DE LA PREMIÈRE PARTIE.

TABLE DES MATIÈRES

CONTENUES

DANS LA PREMIÈRE PARTIE.

LIVRE I.

APERÇU HISTORIQUE. — MÉTAUX EMPLOYÉS A LA FABRICATION DES BOUCHES A FEU.

LIVRE II.

MATÉRIAUX DE MOULAGE.

PRÉLIMINAIRES.

CHAPITRE I.

Matériaux pour le moulage en sable des pièces de fonte.

CHAPITRE II.

Matériaux pour le moulage en terre des pièces de fonte.

CHAPITRE III.

Matériaux pour le moulage mixte des pièces de fonte.

CHAPITRE IV.

Matériaux pour le moulage en sable des pièces de bronze.

CHAPITRE V.

Matériaux pour le moulage en terre des pièces de bronze.

CHAPITRE VI.

Matériaux pour le moulage mixte des pièces de bronze.

CHAPITRE VII.

Récapitulation des divers matériaux employés au moulage. Considération sur ces matériaux.

LIVRE III.

MOULAGE DES BOUCHES A FEU.

CHAPITRE I.

Moulage en sable des pièces de fonte.

CHAPITRE II.

Moulage en terre des pièces de fonte.

CHAPITRE III.

Moulage mixte des pièces de fonte.

CHAPITRE IV.

Moulage en sable des pièces de bronze.

CHAPITRE V.

Moulage en terre des pièces de bronze.

CHAPITRE VI.

Moulage mixte des pièces de bronze.

CHAPITRE VII.

Moulage à noyau des gros mortiers de 0,29.

Étuve pour sécher le sable et les moules &c.

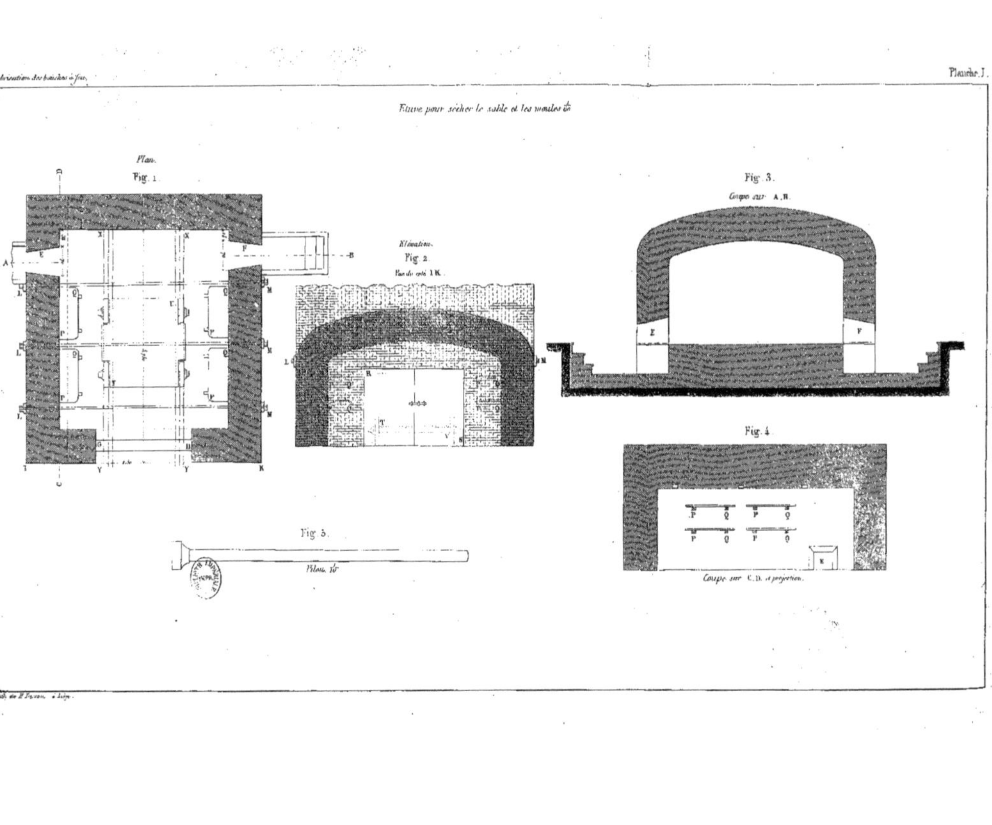

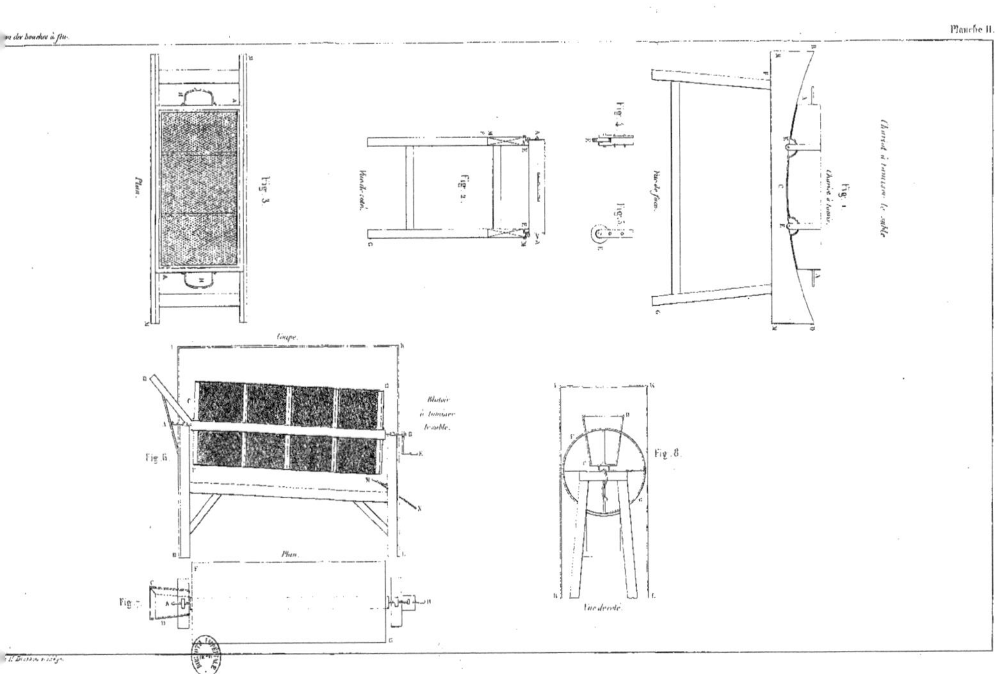
Coupe.
Plan.
Fig. 6
Fig. 7
Fig. 8.
Vue de côté.

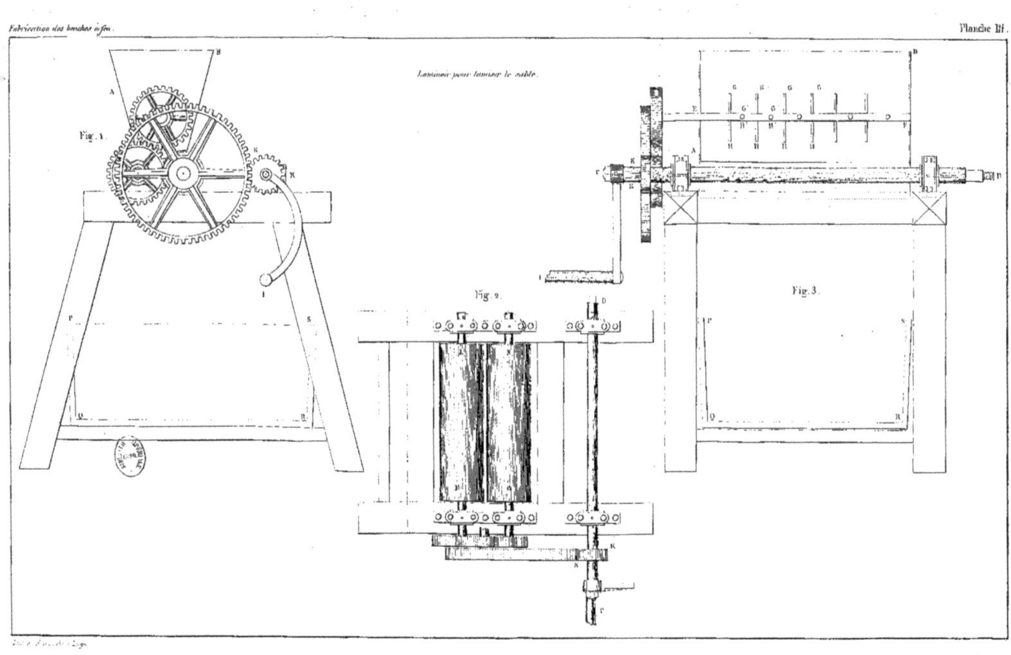
Laminoir pour tamiser le sable.
Fig. 1.
Fig. 2.
Fig. 3.

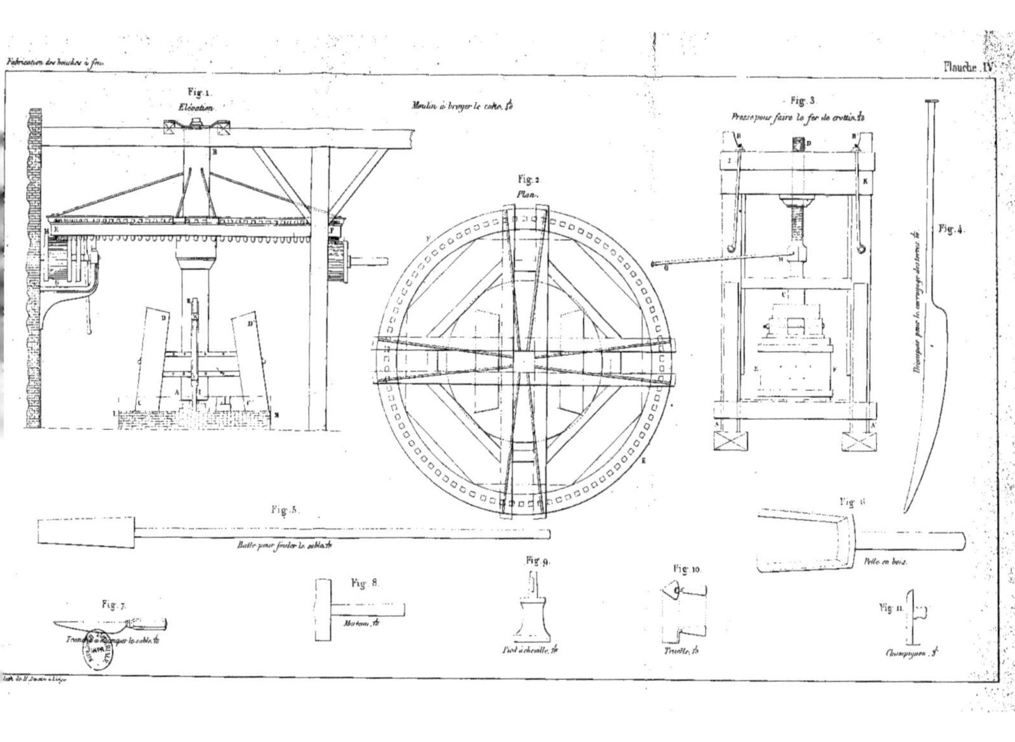
Fabrication des bouches à feu.
Planche IV.
Fig. 1.
Elévation
Moulin à broyer le coke.
Fig. 2
Plan.
Fig. 3
Presse pour faire le fer de crottin.
Fig. 4.
Fig. 5.
Batte pour fouler le sable.
Fig. 6
Pelle en bois.
Fig. 7.
Fig. 8.
Mouton.
Fig. 9.
Pied à cheville.
Fig. 10.
Truelle.
Fig. 11.
Champignon.

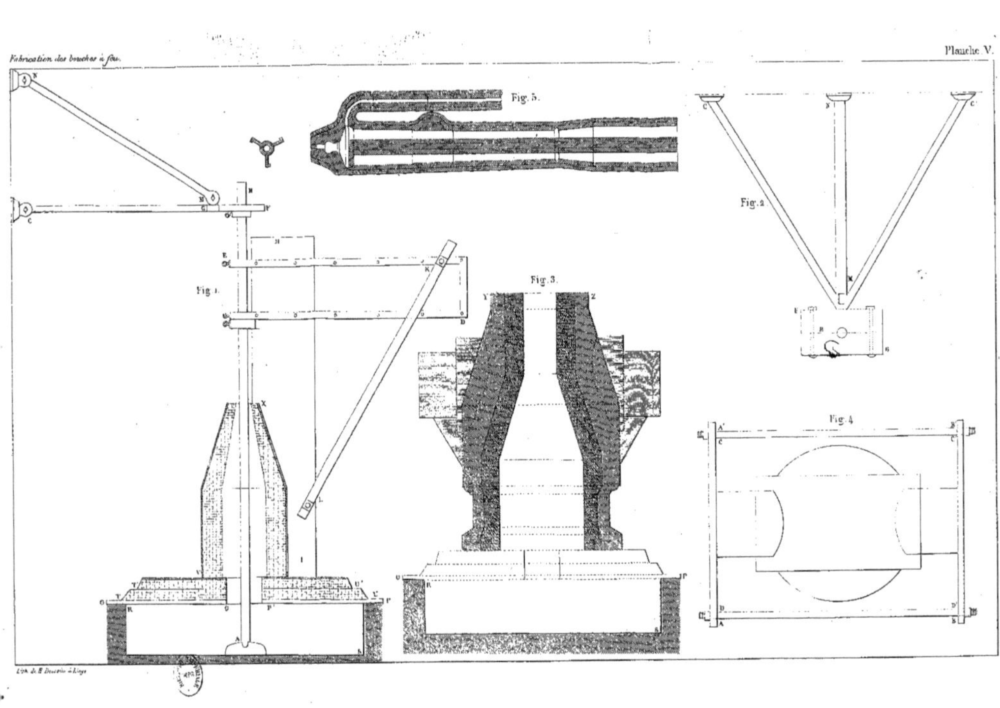

Lith. de E. Descrin à Liége

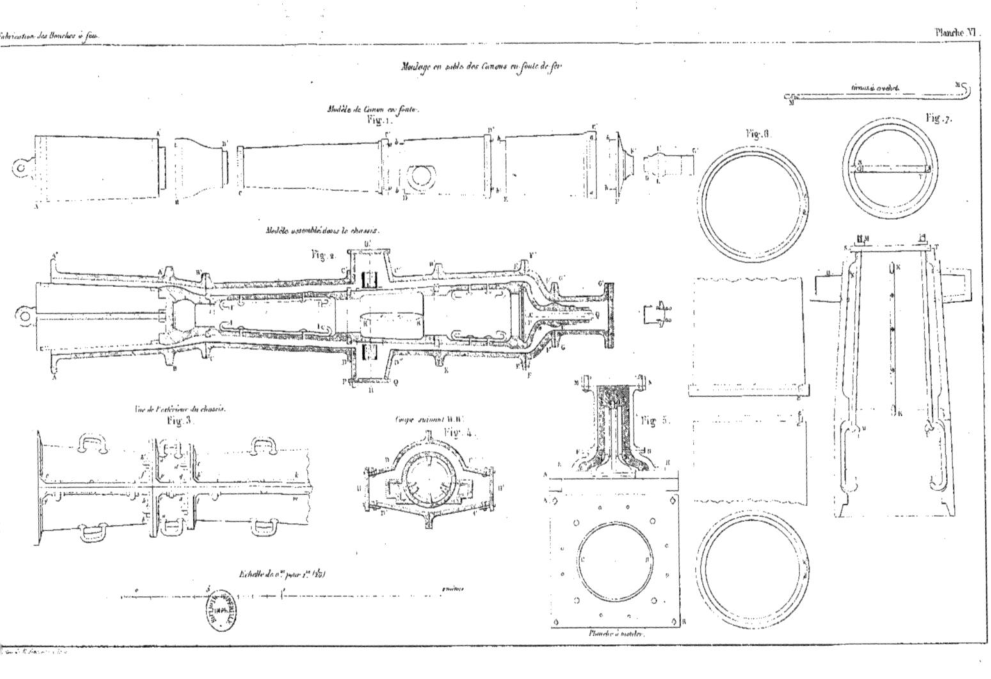
Moulage en sable des Canons en fonte de fer
Modèle de Canon en fonte.
Fig. 1.
Modèle assemblé dans le chassis.
Fig. 2.
Fig. 6.
Fig. 7.
Vue de l'extérieur du chassis.
Fig. 3.
Coupe suivant H H'
Fig. 4.
Fig. 5.
Planche à mouler.
Echelle de 0m pour 1m
mètre

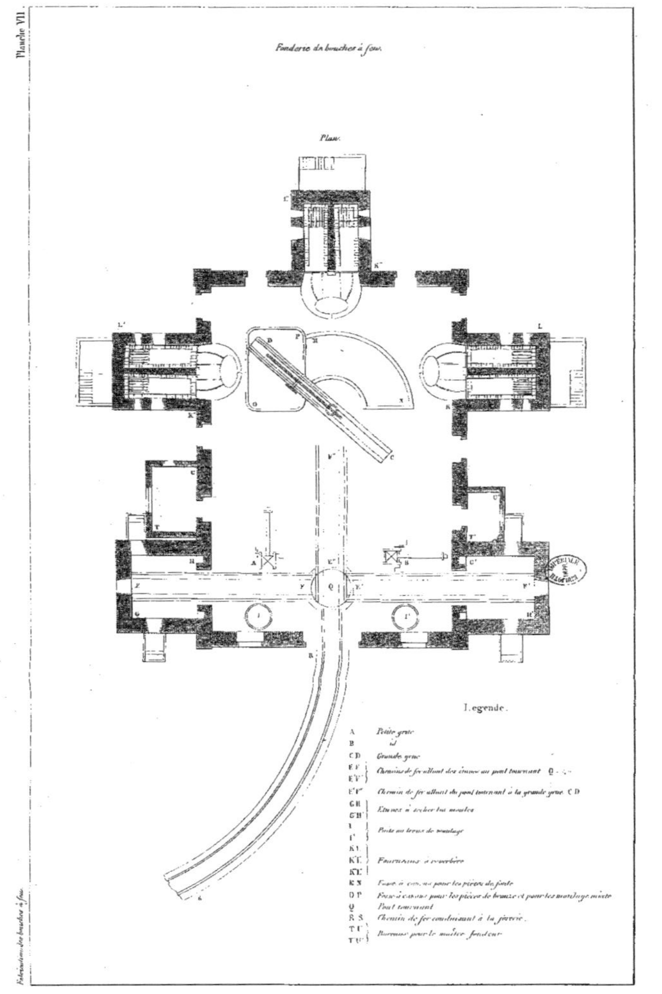
Fonderie de bouches à feu.
Plan.
Légende.
A Petite grue
B id
C D Grande grue
E F, E' F' Chemins de fer allant des étuves au pont tournant Q
E' F'' Chemin de fer allant du pont tournant à la grande grue C D
G H, G' H' Étuves à sécher les moules
I, I' Fosse au terre de moulage
K L, K' L', K'' L'' Fourneaux à réverbère
K N Fours à cuire pour les pièces de fonte
O P Fours à cuire pour les pièces de bronze et pour les moulage mixte
Q Pont tournant
R S Chemin de fer conduisant à la forerie.
T U, T' U' Bureaux pour le maître fondeur

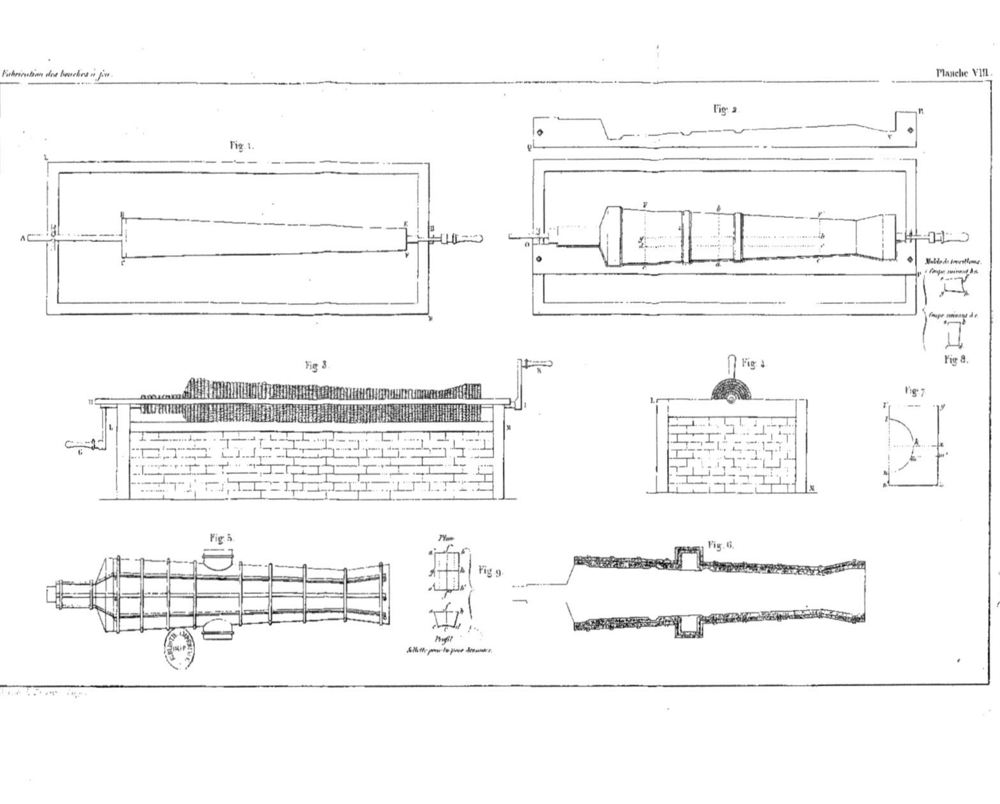

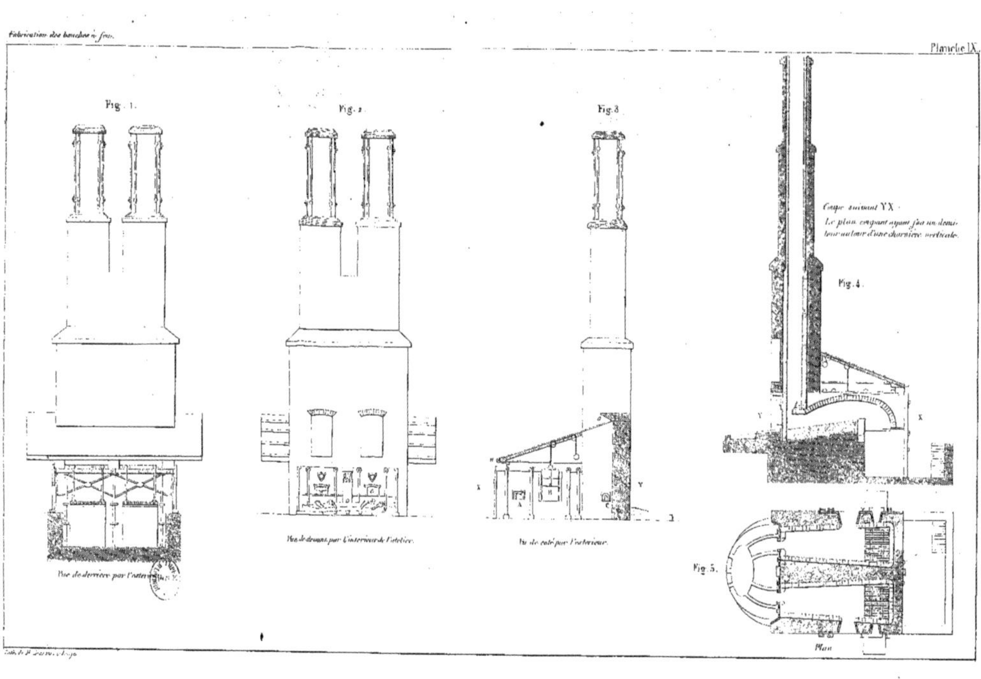
Fig. 1.
Vue de derrière par l'extérieur.
Fig. 2.
Vue de devant par l'intérieur de l'atelier.
Fig. 3.
X
Y
A
B
C
Vu de côté par l'extérieur.
Coupe suivant YX.
Le plan coupant ayant fait un demi-tour autour d'une charnière verticale.
Fig. 4.
Y
X
Fig. 5.
Plan

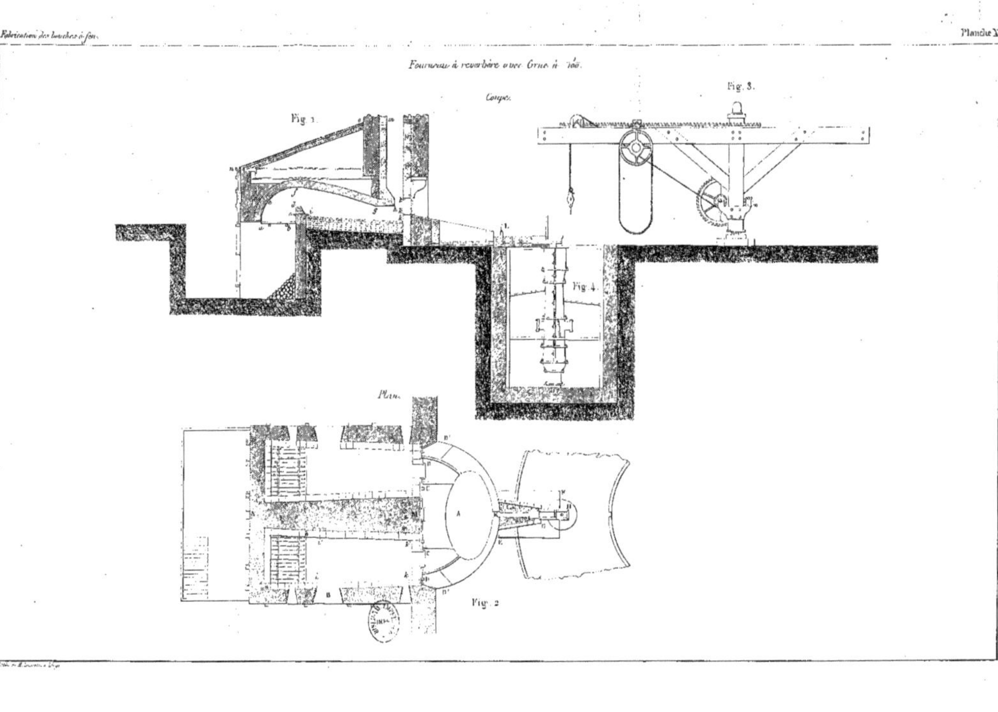
Fourneau à reverbère avec Grue
Coupe
Fig. 1
Fig. 3
Fig. 4
Plan
Fig. 2

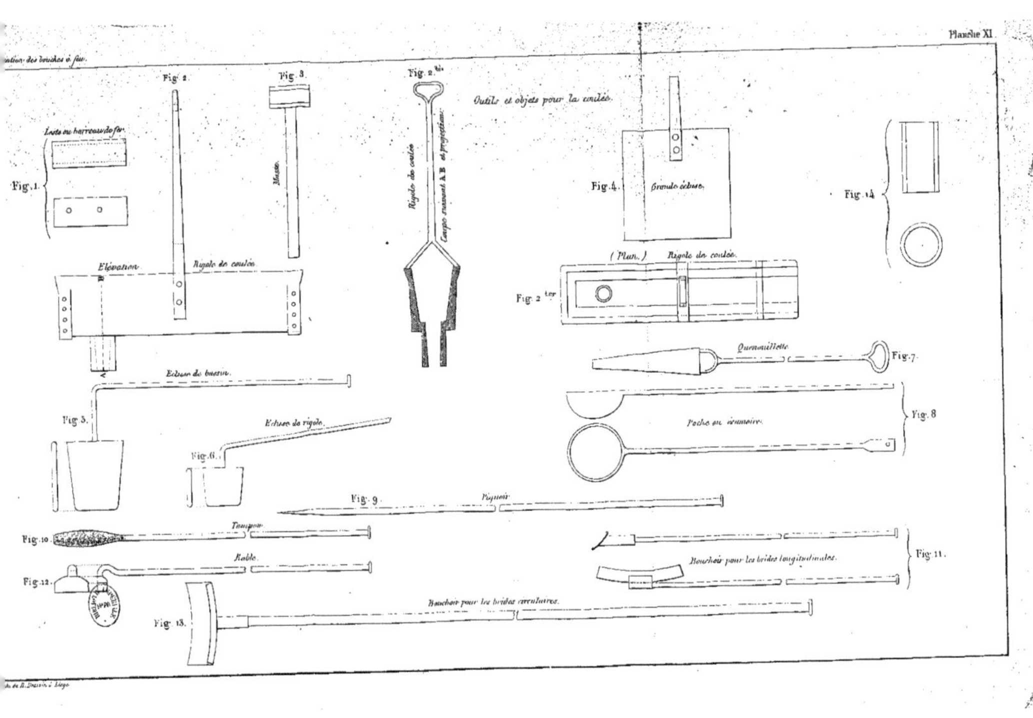

…ation des bouches à feu.
Planche XI.
Outils et objets pour la coulée.
Fig. 1.
Latte ou barreau de fer.
Fig. 2.
Élévation.
Rigole de coulée.
Fig. 3.
Masse.
Fig. 2 bis
Rigole de coulée
Coupe suivant A B et projection.
Fig. 4.
Grande écluse.
Fig. 14.
(Plan.)
Rigole de coulée.
Fig. 2 ter
Fig. 5.
Écluse de bassin.
Fig. 6.
Écluse de rigole.
Quenouillette.
Fig. 7.
Fig. 8.
Poche ou écumoire.
Fig. 9.
Piquoir.
Fig. 10.
Tampon.
Fig. 11.
Bouchoir pour les brides longitudinales.
Fig. 12.
Rable.
Fig. 13.
Bouchoir pour les brides circulaires.
…h. de R. Dessain, à Liège.

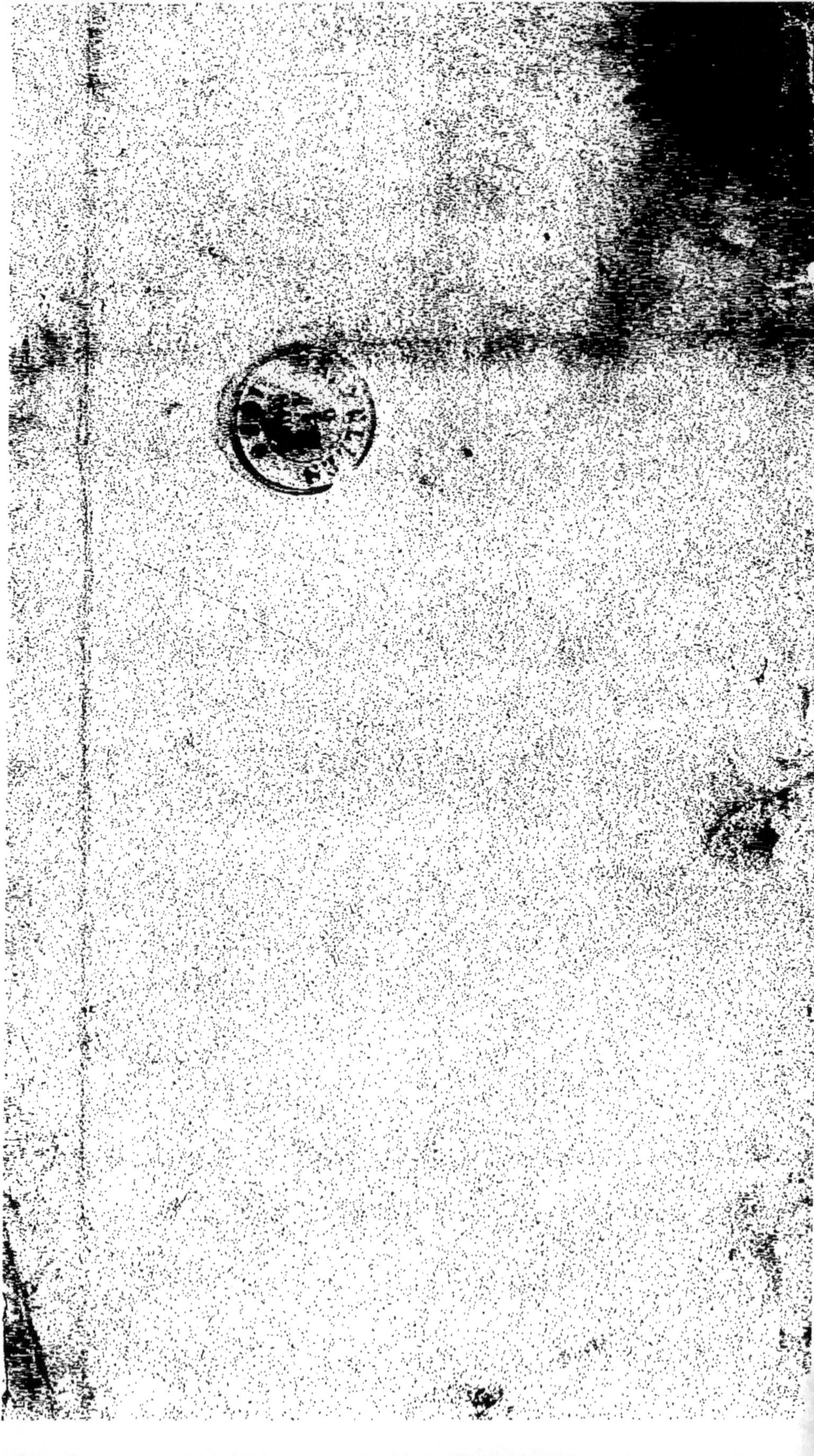

www.ingramcontent.com/pod-product-compliance
Ingram Content Group UK Ltd.
Pitfield, Milton Keynes, MK11 3LW, UK
UKHW020124200726
13856UKWH00002B/733

9 782011 948144